シリーズ・現代経済学⑬

ドイツはEUを支配するのか

現代の“帝国”が進める欧州統一への道

相沢幸悦 著

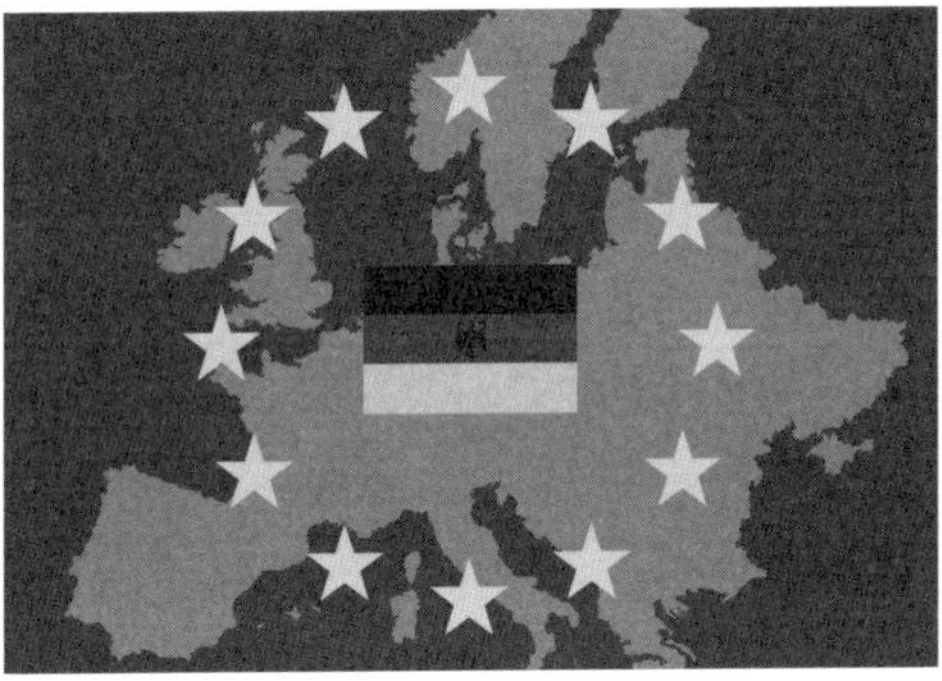

ミネルヴァ書房

はじめに

二〇一六年というのは、おそらく世界史に残る年となるだろう。

ひとつは、六月二三日のイギリスの国民投票で、欧州連合（EU）からの離脱賛成が過半数を獲得したからである。このイギリスの離脱決定は、世界中に衝撃を与えた。なぜ、離脱賛成が多数を占めたのか。直接的には、中東などでの戦乱から逃れてきた膨大な難民の流入により、イギリス人の職が奪われているという事実が主要因であるが、イギリス国民がブリュッセル（EU本部）官僚による国家主権の侵害を嫌ったためであるとかんがえられる。主権侵害の元凶こそ、独仏主導のEUにほかならない。

イギリスのEU離脱を契機に、第二次世界大戦後、紆余曲折をへながら進展してきた欧州統合が分裂に向かうとの声が高まってきた。だが、そうではない。かりに、そうだとしても、まさに現代の〝帝国〟の様相を呈しているドイツが、西ヨーロッパ（西欧）を見捨てて、みずからの経済圏である東ヨーロッパ（東欧）にシフトしていくだけのことである。

もちろん、ハンガリーやポーランドで反民主主義的な強権政治をおこなう政権が誕生し、EUに敵対するような政治姿勢をみせている。したがって、ドイツの東欧シフトというのは現状ではかんがえづらい。このハンガリーとポーランドを強気にさせているのは、アメリカでの大統領選挙の大番狂わせである。

もうひとつは、一一月八日にアメリカの大統領選挙で泡沫候補といわれつづけてきたドナルド・トランプ候補が当選したからである。世界中に再び衝撃が走った。

トランプ大統領はアメリカ・ファースト（アメリカ第一主義）をかかげて、TPP（環太平洋経済連携協定）の批准拒否、温暖化防止条約であるパリ協定からの離脱、移民・難民流入の制限・禁止、メキシコ国境への壁建設のほか、白人至上主義を容認するかごとき発言による人種差別の助長など、さまざまな軋轢を生み出している。

このふたつの世界史的出来事に共通するものは、移民・難民の流入禁止をはじめとする自国中心主義が台頭してきている帰結だということである。とりわけ、ヨーロッパでは、EUからの離脱と移民・難民排斥をかかげる極右政党が急激に支持を広げてきている。

第二次世界大戦後、ヨーロッパ諸国は、平和とほんとうの豊かさをめざしてきたはずなのに、どうしてこうなったのだろうか。

西ヨーロッパ諸国は、米ソ冷戦下で地域統合をすすめることで経済成長を実現してきた。冷戦が終結すると西欧の地域統合は、東欧諸国をも包摂することになった。世界平和と民族・人種の融和、信教の自由など多様性を重視するヨーロッパは、多くの移民・難民を受け入れてきた。

こうして、ついにヨーロッパは、二〇世紀末に実現が不可能といわれたユーロという単一通貨を導入した。ところが、二一世紀初頭にヨーロッパで住宅や国債など資産バブルが発生し、じきに崩壊した。そうするとアイルランドや南欧諸国で債務危機が勃発した。

この債務危機にもっぱら救済資金を投入したのが、ドイツにほかならない。ドイツは、救済資金投入の条件として、健全財政の実現を強制した。債務不履行でユーロから離脱すれば、甚大な被害をこうむるので、債務国は、ドイツの要求を受け入れざるをえなかった。

ドイツは、ＥＵという超国家機関をつうじて財政主権という国家主権の根幹に介入している。それには、ユーロを十全のものにする大前提があるが、こうしたドイツによるＥＵをつうじた間接的な国家主権介入への反発が、イギリスのＥＵ離脱であり、ヨーロッパ諸国での極右政党の台頭のもうひとつの大きな要因となっていることは間違いない。

したがって、これからヨーロッパ諸国のＥＵ離脱ドミノがはげしくなっていくこともかんがえられる。しかしながら、資本主義の現段階において、主権国家が生き延びていくとすれば、アメリカのように産業をＩＴ（情報・技術）や金融に特化するのでなければ、地域統合の進展による市場拡大しか残されていない。資本主義は、イノベーション（生産・生活様式の根本的な転換をもたらすような技術革新）による経済成長ができなくなっているからである。

二〇一七年五月におこなわれたフランスの大統領選挙で、既成二大政党に属さないエマニュエル・マクロン氏が当選した。マクロン大統領は、ＥＵとの協調による経済成長を政策にかかげており、戦後一貫した独仏主導の西欧統合はゆるがないかもしれない。

もちろん、イギリスなどいくつかの西欧・南欧諸国の離脱したＥＵが、戦前のドイツ経済圏である東欧にシフトする可能性もあり、ドイツ〝帝国〟が、帝国としてより十全なものとなるかもしれない。ただし、ポーランドやハンガリーのように、ＥＵに反発する国もあるので、そんなに単純ではない。

こうしたなかで二〇一七年九月二四日、ドイツにおいて連邦議会選挙がおこなわれた。ドイツにおいても、移民・難民の排斥などを主張する右派ポピュリスト政党「ドイツのための選択肢（Ａｆｄ）」が台頭し、連邦議会選挙ではじめて九四議席を獲得した。

アンゲラ・メルケル首相の率いるキリスト教民主同盟・社会同盟（ＣＤＵ・ＣＳＵ）は二四六議席を獲

得し、第一党を確保したものの、それまでの三〇九議席から大幅に減らし、得票率は、二〇一三年におこなわれた前回選挙から八・五％も低下した。メルケル首相は、自由民主党（ＦＤＰ）と緑の党との連立政権をめざしたが失敗したので、むずかしい協議のすえ、社会民主党との大連立政権が二〇一八年三月一四日に成立することになった。

メルケル首相は、かろうじて欧米で台頭する自国優先、移民・難民排除のポピュリズムのうねりを、押し止めたといえるかもしれない。今後、自由・平等・民主主義・友愛という近代市民社会の理念を堅持して、ヨーロッパ統合をますます深化させていくであろう。

とはいえ、二〇一八年三月四日にイタリアでおこなわれた総選挙で、五つ星運動や同盟などのポピュリスト政党・極右政党が台頭するなど、ヨーロッパの前途は多難である。

本書では、欧州債務危機を契機に、ドイツによるＥＵ経済支配が政治「支配」に深化し、現代のドイツ〝帝国〟としてヨーロッパに聳えるにいたったと認識した経緯をあきらかにする。それは、大げさな言い方をすれば、近代化以降の国家概念を大きく転換させる現代のあらたな国家概念なのかもしれない。

近代市民社会の国家は、「各人と各人の戦争（エゴとエゴのぶつかり合い）」を回避するために成立し、資本主義が成立すると、資本家と労働者・農民との闘いを「調停」する役割をはたした。

ところが、歴史が下って一九九〇年代に現代グローバリゼーションが本格化し、二一世紀に突入すると、人種・民族・宗教間の「戦争」が勃発した。これが現代の「各人と各人の戦争」である。その具体的なひとつの帰結が、米トランプ政権の登場、ヨーロッパ諸国における極右政党の台頭などである。

現代の「各人と各人の戦争」は、国民国家の範疇ではとうてい鎮静化しえない。現代グローバリゼーションを急速に進展させた主体は、国境・人種・民族・宗教の壁を越えてあくなき利潤追求をおこなう大資本であり、その論理が現代資本主義の支配的形態となっているからである。たとえば、米トランプ政権などは露骨に白人中間層を擁護しているので、人種・民族・宗教間の「戦争」がますます激化し、収拾がつかなくなるかもしれない。

現代の「各人と各人の戦争」を回避し、人種・民族・宗教間の融和をはかる主体は、国民国家では限界があり、超国家機関しかかんがえられない。人種・民族・宗教間の軋轢を調停する必要があるからである。その役割は、たとえば、EUという「国家連合」を経済的・政治的に「支配」するドイツ〝帝国〟がはたしていくようにおもわれる。

EU各国で人種・民族・宗教間の争いが激化しているが、〝帝国〟の盟主ドイツでは、移民・難民の受け入れ、人種・民族・宗教間の融和政策をつづけるメルケル政権が、二〇一七年九月の総選挙でかろうじてではあるが勝利し、社会民主党との連立政権を維持できたからである。

筆者は大学院以来、ドイツ経済の歴史を勉強するなかで、そのようにかんがえるにいたった。

そのために、まず現代の帝国とは何かということを、政治学の研究成果にもとづいてあきらかにする。そのうえで、ドイツの近代化のプロセス、冷戦下のドイツ東西分割と西欧諸国によるドイツ封じ込め政策、ドイツ再統一とユーロの導入、ドイツによるEU経済支配の政治「支配」への深化について考察する。

本書の出版にあたりミネルヴァ書房の杉田啓三社長、編集部の梶谷修氏、および中村理聖氏には大変お世話になった。記して深く感謝の意を表する次第である。

二〇一八年三月

現代の「各人と各人の戦争」を回避するために　相沢幸悦

ドイツはＥＵを支配するのか——現代の〝帝国〟が進める欧州統一への道

目次

はじめに……1

序　章　現代における帝国とはなにか

ローマ帝国、大英帝国、ドイツ帝国などを「基礎単位となる複数の共同体・部族・社会・地域・権力・特権・国家などを超えて、その上に立つ統合的な権力、およびそれが中核となってつくられる関係・勢力圏・秩序」（杉山正明「帝国史の脈略——歴史の中のモデル化に向けて」山本勇造編『帝国の研究——原理・類型・関係』名古屋大学出版会、二〇〇三年）と定義してみよう。

このように帝国を定義すれば、第二次世界大戦後に米ソ冷戦体制が構築されると、資本主義陣営のうえに立つアメリカ、社会主義陣営のうえに立つソ連を帝国とみなすことはできないだろう。それぞれのまったく異なる体制を維持するために米ソのもとに結束したものにすぎないからである。

一九九一年にソ連邦が崩壊すると、社会主義に勝利したアメリカが帝国化したといわれるようになった。ところが、アメリカは、二〇〇三年のイラク侵攻での事実上の敗戦と〇八年のリーマン・ショックで、政治的ばかりか、経済的にも没落し、一七年のトランプ政権の誕生により帝国の地位から最後的に脱落したということができるかもしれない。

アメリカが凋落する反面、二一世紀にヨーロッパで台頭してきたのがドイツである。

EUを経済的に支配してきたドイツは、欧州債務危機を契機に経済的ばかりではなく、政治的にも「支配」（深化）するようになってきた。これをドイツ〝帝国〟とかんがえてみる。そうしないと、戦後進展してきた欧州統合の帰結として、ヨーロッパを政治的にも「支配」する実態を世界史の現段階において合理的に説明することができないからである。

　現代におけるあらたな国家概念をあきらかにするのが本書の目的である。そこで、帝国とは何かをみてみることにしよう。

1　ネグリ・ハートのいう〝帝国〟

（1）グローバル化の進展

　第二次世界大戦が終結すると、帝国主義諸列強による植民地支配体制が崩壊した。一九九一年には、（旧）ソ連邦が崩壊し、大戦後の世界を政治的にも、経済的にもあらたな次元にいたらしめた冷戦体制が終結した。

　このような世界史的転換が進展するなかで登場したのが、経済的・文化的な、そして交換の、抗しがたく不可逆的なグローバル化（グローバリゼーション）の動きであった。

　こうした世界史的転換のなかで、登場してきたあらたな事態を〝帝国〟と規定したのが、ネグリ・ハートである（アントニオ・ネグリ、マイケル・ハート著、水嶋一憲他訳『〈帝国〉――グローバル化の世界秩序とマルチチュードの可能性』以文社、二〇〇三年）。

　ネグリ・ハートによれば、〝帝国〟とは、グローバルな交換を有効に調整する政治主体のことで、この世界を統治している主権的権力のことである。

（2）〝帝国〟の概念

グローバル化の進展というのは、ネグリ・ハートにいわせれば、マネー、テクノロジー、ヒト、モノなど、生産と交換の基本的諸要素が、国境を越えてますます容易に移動していくような事態である。そのため、国民国家は、グローバル化を押し止めることはできなくなってきている。したがって、いくつかの支配的な国民国家でも、現在では、国境の内外において、最高で至上の主権的権威としてかんがえられるべきではないという。

とはいえ、ネグリ・ハートは、国民国家の主権の衰退は、主権そのものが衰退したということを意味するわけではないとして、〝帝国〟について定義する。

なぜなら、政治的統制・国家機能・規制機講は、現在生起しているさまざまな変容をとおして、経済的・社会的な生産と交換の領域を支配しつづけているからである。すなわち、主権があらたな形態をとるようになったということである。

このあらたな形態は、単一の支配論理のもとに統合された一連の国家的かつ超国家的な組織体からなっているが、ネグリ・ハートは、このあたらしいグローバルな主権形態を〈帝国〉とよんでいる。

ネグリ・ハートは、〝帝国〟という言葉を比喩としてではなく、概念として用いているが、そのさい、理論的なアプローチがまずもとめられるという。

〝帝国〟という概念は、基本的に境界を欠くものとして特徴づけられ、その支配には限界が存在しないので、第一に、空間的な全体性を包み込む体制、あるいは「文明化された」世界全体をじっさいに支配する体制として措定されている。

第二に、〝帝国〟は、歴史のなかで一時的にその支配力を行使するのではなく、時間的な境界をもたず、その意味で、歴史の外部ないしは終わりに位置するような体制である。

第三に、〝帝国〟の支配は、あらゆる社会生活の深部にまでその力をいきわたらせながら、社会秩序の全域に作用をおよぼす。すなわち、ひとびとの相互作用を規制するだけでなく、人間的自然（本性）を直接的に支配することをもとめる。

〝帝国〟の支配は、社会的な生をまるごと対象にしているのであって、したがって、〝帝国〟は、生権力（バイオパワー）の範例的な形態を提示している。

第四に、〝帝国〟の実践がいつも血にまみれているのにたいして、〝帝国〟の概念のほうは、平和、すなわち歴史の外部にある恒久的かつ普遍的な平和にささげられている。

(3) 〝帝国〟到来の徴候

従来の国民国家の主権は、ヨーロッパ列強が近代という時代をつうじて構築した帝国主義の基礎をなしていた。

ネグリ・ハートは、この国民国家の主権の衰退と国民国家が経済的・文化的な交換をますます規制できなくなってきているということが、〝帝国〟の到来をつげる主要な徴候のひとつであるという。

帝国主義というのは、武力を背景にして、国境を越えて主権を拡張するというものであり、欧米列強によって、世界の植民地分割がおこなわれた。第一次世界大戦は、植民地の再分割戦争であり、第二次世界大戦も同様であった。ただ、二度目の世界戦争は、ファシズム対反ファシズム戦争という側面も有していた。

帝国主義は、第二次世界大戦の終結によって、世界史から消滅し、米ソ冷戦体制があらたな事態として登場した。しかしながら、一九九一年にソ連邦が崩壊すると、冷戦に勝利したアメリカは、「帝国主義」国のように振る舞ってきた。

とはいえ、いかなる国民国家も、今日、帝国主義的プロジェクトの中心を形成することはできないし、アメリカですら世界の指導者たりえなくなってきている。とくに、イラク戦争の敗北、リーマン・ショックによる資産バブル崩壊、トランプ政権の登場でその地位から転がり落ちつつある。

(4) 生権力による個人支配

差異化と均質化、脱領土化と再領土化が複合的に絡まり合ったあたらしいグローバルな流れの経路と限界は、それまで支配的であった生産過程そのものを変容させながら構築されてきたといえよう。

その結果、産業的な工場労働の役割が低下し、コミュニケーション、協働、情動労働（ケア労働などなどが重視されるようになってきている。

こうして、グローバル経済がポストモダン化されるにつれて、富の創出は、ネグリ・ハートのいう生政治的（バイオポリティカル）な生産、すなわち社会的な生それ自体の生産とよぶことになるものへと、いっそう向かいつつある。

生権力とは、社会的生に密着しつつ、それを解釈し、吸収し、再分節化することによって、内側からそれを規制するような権力形態のことである。それは、あらゆる個人によって、自発的に受け入れられ、生気あふれた統合的機能となるときにのみ、人口を構成する住民の生全体にたいして実効的な指令をおよぼすことができる。

福祉のシステムや監視された活動などを配備することによって、指令のメカニズムが、市民たちの脳と体のすみずみにいきわたることによって、よりいっそう「民主的」になったと受け取られ、支配に特有の社会的統合と排除のふるまいは、さまざまな主体自身の内側へと向かい、ますます内面化されていく権力である（同書）。

（5）〝帝国〟の描き方

ネグリ・ハートは、〝帝国〟を次のようにえがいている。

すなわち、〝帝国〟をポスト・ウェストファリアの世界秩序、つまり主権＝国民国家システムの崩壊ととらえ、主権国家だけでなく、国家機構、多国籍企業や市民社会などをふくめた、脱国家的集合体である「マルチチュード」を支配する装置としての〝帝国〟秩序としてとらえる（同書）。

〝帝国〟をネグリ・ハートのようにとらえると、条約にもとづく主権国家の「集合体」としての欧州連合（EU）も、経済的のみならず、「政治的」にも「支配」するにいたったものとかんがえられるとともに、EUをつうじてではあるが、事実上の「ドイツ経済圏」を構築し「支配」している現代ドイツを現代ドイツ〝帝国〟とみることも可能かもしれない。

2　経済連邦制とはなにか

（1）経済連邦制の議論

ヨーロッパでは、歴史的に長きにわたり連邦制について議論されてきた。ここで、現代ドイツ〝帝国〟の本質をあきらかにするにあたって、この議論をみてみることにしよう（尾上修悟『欧州財政統合論』ミネルヴァ書房、二〇一四年)。

フランスのリヨン第二大学教授のL・ギエリやフランスでのEU経済研究の第一人者であるM・デヴォリュイなどが、連邦制という問題を真正面から取り上げてきた。

連邦制の問題は、従来、政治の領域で議論されてきたが、経済連邦制こそが、異なる権限の階層からなるヨーロッパという空間のなかで重要なテーマになり、金融・経済建設の諸問題をあきらかにし、その将来のパースペクティブをも検討させるものである。

この経済連邦制を構成するひとつの重要な要素が財政連邦制である。というのは、それが経済連邦制をささえる大きな構成要素となっているからである。

経済連邦制について、ギエリは、協調的連邦制と競争的連邦制というふたつの基本モデルを提示しているが、競争的連邦制というのは、ヨーロッパにはなじまないとしている。

それは、第一に、労働移動が不十分なため、加盟国間の競争が欠如していること、第二に、異なる言語による情報の非対称性があること、第三に、自然的障害による地理的空間の一体性が欠如していること、などによるものである。

したがって、ヨーロッパの連邦にたいする情熱は、均衡をもとめることにこそ、見出されなければならないということになる。

(2) 協調的連邦制の機能

経済連邦制に関する協調的モデルが適合的というのは、欧州統合の目標には、あくまでも加盟国間の能力のバランスという視点が存在するからである。

ギエリは、EUが協調的連邦制モデルにもとづく経済連邦制を実現するさい、加盟国にたいして、協調というロジックのもとに、次のような領域・分野で大きな役割をはたす必要があるという。すなわち、農業・漁業政策、輸送政策、環境政策、地域政策、研究・開発、銀行・金融サービス、公共市場、通信ネットワーク、などである。

EUが、これらの領域に介入することによって、むしろ加盟国の活動手段を強めることになるし、この点は、とりわけ経済的により弱い国にとって重要になる。もちろん、このような介入は、「補完性の原理（下位のレベルで解決できないことだけを上位のレベルでおこなう）」によって制限されている。

EUというのは、諸国の協力にもとづくユニオンなので、ギエリは、ヨーロッパの建設の連邦的な方向についても、この点が前提とされるという。したがって、分裂タイプの連邦制にはならない。

ギエリは、一連の共同の協定にもとづきながら、求心力を働かせることができるので、欧州連邦制というのは、あくまでも協調的連邦制ですすめるべきであって、それは、対立的なものを意味しないという。

（3）財政連邦制の必要性

ヨーロッパのユーロ圏（ユーロを導入した諸国）はすでに、ユーロ導入によって、欧州中央銀行（ECB）による単一金融政策の遂行という側面に焦点をあてれば、ひとつの連邦制のスタイルをとっているということができる。通貨主権という重要な国家主権を超国家機関に委譲しているからである。

これはいわば、多少無理はあるが、「金融政策」連邦制ということもできるかもしれない。

さらに、不十分ながら、各国の銀行規制を超国家機関が遂行するという点で、銀行同盟が実現することによって、それも無理を承知でいえば「銀行」連邦制ともいうべきものが構築されつつあるといえるかもしれない。

ところが、ヨーロッパでは、財政を統合するという面では、連邦制への強い動きをしめすことはまったくといっていいほどなかった。

現状のEUには、共通予算の策定などの規定はあるが、ギエリのとなえる協調的連邦制にもとづいて、経済連邦制を達成するというのであれば、真っ先に財政連邦制の実現が要求されなければならないはずである。というのは、経済連邦制の大前提が、富の地域間の再配分機能にあるとすれば、財政連邦制をぬきにして経済連邦制を論じることはできないからである（同書）。

財政機能は、伝統的に支給、再分配、安定に分類されるが、注目すべきは、後二者である。再分配機能は、所得の公平な分配を保証し、安定機能は、一国のマクロ経済的な成果、すなわち雇用やインフレ、対外勘定、経済成長率などを必要とするからである。

フランスのEU研究者であるB・ゴシャールは、財政連邦制を財政決定の異なるレベルの結託した共同介入ととらえる。とすれば、そのような介入をささえる共同の財政メカニズムが必要とされるということになる。

(4) 連帯政策と地域政策

EUは、経済統合をすすめていくうえで、当初から、加盟国経済の一体化をはかり、均一の発展をとげるということを根本的な目標にかかげてきた（同書）。

このような連帯政策の目標は、経済的・社会的かつ社会福祉の市民間の不平等、地域間の不均衡を縮小させ、社会的排除などの問題の克服などにある。連帯政策への支出は、一九六五年にEU予算のわずか六%にすぎなかったが、市場統合や通貨統合の進展にともなって、二〇一三年には、じつに三五・七%まで増加している。

一九六七年からは、地域間の不均衡の是正のために、地域政策が開始された。

ユーロが導入されるさいには、共同体の経済的・社会的連帯への貢献というあらたな目標がつけくわえられた。

3 「規制帝国」としてのEU

(1) 「規制帝国」とは

帝国というものを、いま一度、次のように定義してみよう。

「基礎単位となる複数の共同体・部族・社会・地域・権力・特権・国家などを超えて、その上に立つ統合的な権力、およびそれが中核となってつくられる関係・勢力圏・秩序」(杉山正明、前掲書)。

鈴木一人教授は、かりに、帝国をこのように定義したとすれば、欧州連合(EU)というのは帝国の資格をもつようにみえるという(鈴木一人「『規制帝国』としてのEU――ポスト国民帝国時代の帝国」山下範久編『帝国論』講談社、二〇〇六年)。

すなわち、基礎単位である加盟国を超える権力を部分的にもち、EU本部が所在するブリュッセルが中核となってつくられるEU域外との関係や勢力圏が存在するからであるということである。

もちろん、EU本部が、超越的な権力をもっているわけではない。競争政策や関税政策などでは、一定程度は加盟国から授権されているものの、多くの政策は、加盟国の合意が必要で、安全保障政策や財政政策では、最終的な決定権は加盟国が有しているからにほかならない。

欧州中央銀行（ECB）は、条約によって、排他的な金融政策の策定・遂行権限を有しているので、ユーロ導入によって、政治統合の一部に踏み込んだということができるが、あくまでも、通貨主権の超国家機関への委譲にすぎない。

したがって、厳密な意味では、EUを〝帝国〟ということはできない。

とはいえ、EUを「規制帝国（Regulatory Empire）」と位置づけて、完全な意味での「帝国」ではないにせよ、グローバルな市場経済の発展にともなって出現したあらたなタイプの「帝国」ないしは「帝国性」をふくんだ政治主体であるとの仮説を立てることができるかもしれない（同書）。

EUを「規制帝国」という政治主体とみなすことで、ドイツが経済的に支配するのみならず政治的にも「支配」しつつある現状のEUを、世界システムとしての「主権＝国民国家システム」後にくる、あたらしい時代の、すなわち二一世紀型の〝帝国〟であると規定することができるであろう。

本書では、鈴木教授の研究に依拠して、ドイツが経済的に支配するばかりか、政治的にも「支配」するようになった「規制帝国」＝EUこそが、〝現代ドイツ帝国〟だということをあきらかにしてみることにしよう。

（2）「規制帝国」の特徴

鈴木教授は、「規制帝国」を次のように論じている（同書）。

「規制帝国」というのは、第一に、みずからが実施するさまざまな市場活動の規制を、帝国の領域外諸国に受け入れさせる帝国である。

第二に、「規制帝国」は、軍事力などの物質的権力（暴力）の直接的行使をしない帝国である。

第三に、「規制帝国」は、帝国としての影響力を行使するさいに、あくまでも規制を受ける側が自発的にそれを受け入れることを前提にしている。

第四に、こうした自発的な「従属国」を生み出す規範の普遍性があることが大前提である。すなわち、「従属国」が規制などを受け入れることが、その国の利益だけでなく、普遍的利益だということの合理的説明がなされていることが不可欠なのである。

これを「規制帝国」の特徴とみなすことができるであろう。ただし、EUは、アメリカ主導の北大西洋条約機構（NATO）のもとに軍事活動をおこなっているので、第二の規定はあてはまらないかもしれない。そうであるとすれば、限定的ではあるが軍事力を有するEUは「規制帝国」を超えた帝国ということもできるかもしれない。

もちろん、NATOは、主権国家における「軍事力」だとすることはできないであろう。というのは、EUは、暴力によって強制しなくとも、域外諸国に影響圏を拡大し、事実上の勢力圏を形成しているからである。

ところが、非暴力による域内諸国のEU（正確にはドイツ）への政治的・経済的な従属によって、難民の大量流入や国民の負担が重くなってきたことで、極右の台頭やポピュリスト型の強権政治をおこなう政権が誕生してきている。

ギリシャなどの事例にみられるように、急進左派政権が登場するものの、イギリスのように、EUから離脱するということは、元の通貨にもどったことで自国通貨の暴落によるハイパー・インフレ、景気の深刻な低迷など大きな犠牲を国民に強いることになるので、なかなか選択することはできない。

イギリス国民は、二〇一六年六月の国民投票でEU離脱を僅差で決定したが、EUから離脱することで、イギリスが多大な犠牲をこうむることは間違いない。イギリスでは、離脱すれば、巨額のEUへの拠出資金を福祉にまわせるという離脱派のデマが市民に受け入れられたようである。

(3) なぜ「規制帝国」なのか

「規制帝国」という概念が必要なのは、鈴木教授によれば、次のような理由による（同書）。

第一に、現代の国際秩序においては、「グローバル・ガバナンス」のように、国際社会において、かならずしもつねに協調的にルール作りがおこなわれているわけではないからである。「規制帝国」は、国際機関と協調しないで、一国の規制を他国に強制している。

第二に、「ワシントン・コンセンサス」のように、グローバル市場でのルールは、アメリカによって規定されているようにみえるが、そうではない。アメリカのルールを受け入れるかどうかは、最終的に各国が判断することだからである。

「規制帝国」の概念を導入することで、どのような帝国が、どのような範囲で影響力を行使しているかをみて、グローバル市場のあり方がよりよく理解できる。

第三に、「規制帝国」の概念をもちいることで、「中心―周辺」の関係が明確になる。

グローバリゼーションが進展することで、多国籍企業など国家を超えたさまざまな主体が活動するが、グローバル市場のルールを規定するのは、各国政府だけであり、とくに自律的にルールを決定できるのは「規制帝国」だけである。

「規制帝国」では、従属国の周辺国の不満や攻撃は、従属国に集中し、「規制帝国」の中枢までは届かない。

(4)「規制帝国」誕生の背景

どうして、「規制帝国」という概念が、ヨーロッパにおいて有効なのか。鈴木教授によれば、イギリスとフランスが一九世紀型の帝国の経営に大失敗したからであるという(同書)。

帝国経営の大失敗の経験から学んだことは、第一に、一九世紀初頭から帝国中枢において「民族自決」の概念が深く浸透していたということである。帝国に留学した植民地エリートが民族自決・独立運動の先頭に立ったからでもあろう。

現代における帝国的支配は、軍事力や経済力による制裁によって従属させるのではなく、あくまでも民族自決を尊重し、従属国の国内制度・手続きをつうじて、自発的に帝国のルールにしたがわせる方策がとられた。

ヨーロッパが学んだことの第二は、植民地支配のコストの高さである。ヨーロッパからすれば、軍事的・物理的な支配というのは、ソロバン勘定が合わないものだということである。したがって、みずからの影響力を行使するには、「規制帝国」として、軍事的な占領をしなくても、みずからのルールや規制を押しつけるのが最適の方法である。

第三は、植民地獲得競争がもたらした破壊的な結末、すなわち、第一次・第二次世界大戦という破滅的戦争に帰結したことであった。

ヨーロッパ諸国は、一九世紀型帝国の悲惨な帰結から学び、ＥＵが自覚的・非自覚的にその勢力圏を拡大するばあい、民族自決が尊重され、軍事的対立を避けるような方法がとられてきた。

このようにみてくると、冷戦終結以降のアメリカの単独行動主義にたいして、EUの「帝国性」は非常にひかえめで、目立たないものとなっていたのは、一九世紀型帝国の反省にもとづくものといえるかもしれない。

EUは、みずから獲得した苦い経験と教訓にもとづいて、もっともコスト効率が高く、抵抗をあまり受けない「規制帝国」として、帝国的な支配を目立たないようにすすめてきたのかもしれない。ドイツが、経済的に支配するだけでなく、政治的にも「支配」するにいたったEUは、当初は、目立たない〝帝国〟として成立したかもしれないが、確立過程で、民主主義や緊縮財政の強制、金融政策の一元的策定・実施、移民・難民などの受け入れの割り当てなどが、公然とおこなわれるようになってきたのかもしれない。

ヨーロッパにおいて、自国第一主義、EU離脱、緊縮財政の緩和、移民・難民の排斥などを訴えるポピュリスト（大衆迎合主義）政党や極右政党などが急速に台頭してきているのはそのためであろう。

4　現代の「各人と各人の戦争」

（1）「各人と各人の戦争」

封建制社会から資本主義社会に転化していくためには、国家権力を国王・領主などの支配階級から、中小生産者（資本家＝ブルジョアジー）に移行させる市民革命、およびブルジョアジーが国家権力を掌握することの正当性が不可欠であった。

封建制下では、国王の権力は、神からあたえられたものだと主張された。そこで、トマス・ホッブスやジョン・ロック、ジャン-ジャック・ルソーなどが、社会契約説をとなえた。その考え方は、フランス人権宣言やアメリカ独立宣言において高らかに謳い上げられた。

ホッブスは、次のようにいう（トマス・ホッブス著、水田洋訳『リヴァイアサン(1)』岩波文庫、二〇〇七年）。

「自然は人びとを、心身の諸能力において平等につくったので、……人びとは生まれながら平等であり、「したがって、もしだれかふたりが同一のものごとを意欲し、それにもかかわらず、ふたりがともにそれを享受できないとすると、かれらはたがいに敵となる。」

「これによってあきらかなのは、人びとが、かれらすべてを威圧しておく共通の権力なしに、生活しているときには、かれらは戦争とよばれる状態にあり、そういう戦争は、各人の各人に対する戦争である、ということである。……戦争は……闘争へのあきらかな志向（であり）……そのほかのすべての時は、平和である。」

ホッブスは、「戦争」の回避のために、国家（コモン-ウェルス）形成がなされる根拠をもとめている。

「かれら（人びと）を外国人の侵入や相互の侵害から防衛し、それによってかれらの安全を保証して、かれらが自己の勤労と土地の産物によって自己をやしない、満足して生活できるようにするという、このような能力のある共通の権力を樹立するための、ただひとつの道は、かれらのすべての権力と強さとを、ひとりの人間に与え、または、多数意見によってすべての意志をひとつの意志とすることができるような、人びとのひとつの合議体に与えることである」（トマス・ホッブス著、水田洋訳『リヴァイアサン(2)』岩波文庫、二〇〇八年）る。

ホッブスは、「こうして一人格に統一された群衆は、コモン-ウェルスとよばれる」として国家の成立根拠を提示している。絶対主義国家が「各人と各人の戦争」を回避したのである。

(2) 資本家と労働者の闘い

「各人と各人の戦争」は、その後、近代資本主義国家が成立することによりとりあえず回避することができた。権力をしばる「憲法」にもとづいて、人民（国民）の生命・健康・財産をまもり、自由・平等・民主主義・友愛を貫徹する政治をおこなうことが強制されたからである。とうぜんのことながら、人種・民族の平等と信教の自由が大原則とされた。

資本主義が成立すると、今度は、資本を所有する資本家と労働を提供する以外にすべのない労働者との「戦争」がはじまった。この「戦争」は、正当な権利同士の闘いであるところにややこしさがある。

労働者が生産する生産物の価値を労働の価値という。それにたいして、労働力の価値というのは、労働者が生きていくために必要な生活費と次の世代の労働者の育成費である。労働力の価値が月三〇万円であれば賃金を三〇万円支払えばよい。労働者ひとりあたり生産する価値がたとえ月一〇〇万円としても、労働力の価値分を支払えばよい。

この差額七〇万円が資本家のものとなり、この事態が搾取といわれるものである。資本家は労働力の価値を支払っているので、正当なものである。労働者といえば一〇〇万円の価値を生み出したので、三〇万円以上を受け取る権利がある。

資本家は、すさまじい競争にさらされているので、より多くの利潤をあげて、よりよいものを生産することに資金を投入する。そのため、一円でも多くの利潤を獲得すべく、労働者を徹底的に搾取する。賃金を二〇万円に下げても生きていけるのであれば、それは労働力の価値どおりに賃金を支払ったということになる。これも不正ではない。

労働者は、よりよい生活をするために一〇万・二〇万・三〇万円あまりの賃上げを要求するのも正当な権利である。労働時間の短縮を要求するのも正当な権利である。

したがって、国家は、労働者が正当な権利を行使する手段としてストライキ権などをみとめている。ほんらいであれば、ストライキなどは営業妨害であり、就業規則違反である。国家が労働者の権利をみとめる法律を制定し、資本家をきびしく取り締まるのは、労働者による正当な権利を擁護するためである。

政治においては、資本家の利益を代表する政党と労働者の利益を代表する政党が選挙ではげしく戦うことになる。労働者の不満が高まれば、労働者の立場を代弁する政党が政権を担当し、景気が低迷し、資本家の不満が高まれば、資本家の利益を代弁する政党が政権に復帰した。

こうして、一九一七年のロシア革命以降、資本家と労働者の闘いが、「各人と各人の戦争（たとえば社会主義革命など）」の勃発にいたることはなかった。資本主義延命のための、みごとな政治メカニズム（もうひとつの神の「見えざる手」）といわざるをえない。人種・民族の平等、信教の自由をはじめとする、自由・平等・民主主義・友愛というのは資本主義存続の政治的大前提であったのである。

もちろん、資本家と労働者の闘いは依然として継続していたが、国家が経済成長政策をとってきたこともあって、それを多少は隠蔽することができただけのことであった。

資本主義経済は、一九七〇年代にはいると成長率が鈍化してきたが、さいわいにも九一年にソ連邦崩壊により「社会主義」体制が消滅し、大資本は、地球の隅々まで出ていって利潤を追求できるようになった。現代グローバリゼーションのはじまりである。

(3) 人種・民族・宗教間の闘い

資本にとって、国境・人種・民族・宗教の差異などまったく意味がない。資本にとっての唯一・絶対的な目的は、より多くの利潤の獲得、この一点にあるからである。

どんな人種であろうと、いかなる民族であろうと、どの宗教を信じていようが、企業の利潤獲得に役立つ人間であることが雇用の絶対的条件である。かつて中国でいわれたように、「黒い猫でも、白い猫でも、ネズミを捕るネコはいい猫だ」ということである。

法人税などの各種税率が低いとか、規制緩和・撤廃がおこなわれているとか、有能な低賃金労働力を大量に雇用できるとか、ビジネス・チャンスがあるとかで、より多くの利潤を獲得できるのであれば、資本は、地球の裏側であっても進出していく。したがって、大資本にとって、国境ほど邪魔なものはないのである。

第二次世界大戦後の冷戦下では、多くの大資本が多国籍業化したものの、世界中で自由に利潤追求をおこなうことには、かなり障害があった。一九九一年にソ連邦が崩壊して「社会主義」体制が崩壊すると、中国やベトナムなどの「社会主義」国が市場経済を導入したおかげで、日米欧の大資本は、低賃金労働力をもとめて大挙して中国などに進出した。

産油国・新興諸国でも経済が成長していったので、それまで利潤機会が少なくなっていた資本は、大挙して地球のすみずみまで進出していった。こうして、現代グローバリゼーションが進展していった。

中国などに進出した大資本は、低賃金労働力を雇用することで、生産コストが激減し、利潤が大幅に拡大した。欧米諸国に移民・難民が大量に流入することで、本国においても、低賃金労働者はもちろんのこと、有能な人材を雇用することができた。

しかしながら、その帰結は、きわめて深刻なものとなった。欧米から大資本がどんどん外国に進出することで、国内での雇用が失われていくばかりか、移民・難民が大量に流入することによって、本国での雇用がさらに「奪われ」ていった。

本国では、失業問題の深刻化だけでなく、仕事にありつけたとしても非正規労働が中心で、貧富の経済格差がますますはげしくなっていった。すなわち、大資本の経営者や巨額の金融資産を有する大金持ちがますます金持ちになり、圧倒的多数の国民は低所得者層に脱落していった。

一握りの大金持ち・大資本の利益を露骨に代弁する政治をおこなうと、圧倒的多数の自国民低所得者層は、生存をかけて革命をおこす。国民の生命・健康を守ることを国民と契約しているはずの政府による、契約違反だからである。これは近代市民社会における国民の正当な権利である。

かといって、低所得者の利益を代弁する政治をおこなうことはできない。政治家には政治資金がはいらないので、選挙で落選してしまうからである。

もちろん、近代市民社会の大原則、自由・平等・民主主義下での選挙制度では、低所得者層が多数派であれば、政権が不正選挙でもしないかぎり、その代表が政権を奪取する。二〇一六年のアメリカ大統領選挙における民主党の指名選挙で、左翼的な主張をしたサンダース候補が善戦した。

大金持ち・大資本にとって、低所得者層に政権を奪取されたら、金儲けや、あくなき利潤追求などができなくなる。金持ち増税、所得税の累進課税強化、法人税増税、贈与税・相続税増税、金融・証券税増税などのありとあらゆる金持ち・大資本増税のほか、福祉充実、賃上げ・労働条件の向上、低所得者むけの各種規制などがおこなわれるからである。

そこで、大金持ち・大資本の延命のために、自国民を分断するのではなく、「各人と各人の戦争」を自国民と他人種・他民族・他宗教との「戦争」に転化する戦略に大転換した。この現代の「各人と各人の戦争」のはじまりは、二〇一六年一月の米トランプ政権の誕生にほかならない。

現代の「各人と各人の戦争」、これが、現在、欧米諸国で発生しているあらたな事態の本質である。あくまでも、資本主義の延命のための政治的な神の「見えざる手」が機能している、この冷厳なる貫徹とみなければならないであろう。

(4) 超国家機関による「戦争」の回避

現代の「各人と各人の戦争」を、国民国家のレベルで解決することはできない。それは、米トランプ政権をみるまでもなく、国民国家は、政治的な「見えざる手」が有効に機能することによって、この「戦争」を統治に利用できることを実証したからである。

トランプ氏は、不動産取引で金儲けした大金持ちであり、ほんらいであれば、白人の中・低所得者に支持されるはずがない。ところが、みごとに、大金持ちを代弁する政権が誕生したのである。だが、残念ながら、現代の「各人と各人の戦争」において、自国の低・中所得者層の支持をえて、大統領に当選したとしても、政権を維持することはむずかしい。

低・中所得者層の雇用を確保するためには、自国優先主義・保護貿易主義をつらぬかなければならない。しかも、移民・難民、他人種・民族、他宗教を信仰するひとを排除しなければならない。「各人（自国民）と各人（多人種・民族・他宗教を信仰するひと）との戦争」だからである。とうぜん、国際社会からはげしい批判をあびるので、持続不能である。

ようするに、自国民同士の「戦争」ではないので、既存の国民国家の枠組みでは対応不能であるということである。ここから、あらたな国家形態、たとえば、世界政府、国家連合、現代の〝帝国〟などが必要となる。世界政府ができることはないので、国家連合とか現代の〝帝国〟であろう。

国家連合は、現代の「各人と各人の戦争」を回避するために、各種の規制を制定し、規制を実行するために、ある程度の強制力をもたなければならない。各国の国民はもちろん、移民・難民、人種・民族・宗教のことなるひとびとの利益を確保するために、各国の調整をおこなう。

後に述べるように、グローバリゼーション、国家主権、民主主義の三つは同時に成立しないというのが、グローバリゼーションの政治的パラドックスである。

現代資本主義では、グローバリゼーションを止めて国内経済に特化するということは不可能であるとすれば、国家主権と民主主義のどちらかをあきらめなければならない。近代市民社会の大原則である民主主義を捨てることはかんがえられないので、国家主権をある程度あきらめなければならない。

政治的パラドックスが機能するとすれば、EUとか規制帝国こそが、現代の政治的・経済的にみてもっとも合理的なものであるといえるのかもしれない。

このようにみてくると、規制帝国としてのEUを経済的のみならず政治的にも「支配」する現代ドイツ〝帝国〟こそが、現代の「各人と各人の戦争」を回避するための「国家形態」であるということもできるかもしれない。

5　現代ドイツ〝帝国〟の成立

（1）中央銀行制度と銀行同盟

ユーロという単一通貨を導入しているユーロ圏では、参加各国の中央銀行と欧州中央銀行（ECB）で構成される欧州中央銀行制度という金融システムが構築され、単一の金融政策が策定・遂行されている。そのかぎりでは、ユーロ圏において、多少無理があるものの「金融政策」連邦制ともいうべきものが確立しているということができるかもしれない。

これに、銀行システムの統合、すなわちユーロ圏における一元的な銀行検査・監督システムがくわわれば、「金融」連邦制が完成したということになろう。

二〇一四年一一月から開始された銀行同盟は、ユーロ圏の銀行検査・監督を法的・制度的に一元化するものである。銀行同盟は、単一銀行監督制度、単一銀行破綻処理制度、預金保険制度からなっている。

単一銀行監督制度は、二〇一四年一一月にスタートしたが、ユーロ圏諸国の銀行監督権限をECBに集約し、各国の銀行監督機構と連携して、銀行検査・監督をおこなうというものである。

ユーロ圏の銀行は、国境を越えて金融業務をおこなっているが、監督権限は、各国の銀行当局が有していた。これでは、もしも、ある銀行が経営悪化しても、自国経済への悪影響を懸念して、銀行監督当局による破綻処理が遅れれば、金融危機が勃発する危険性がある。そこで、大銀行については、ECBが一元的に銀行監督をおこなうことになった。

ECBが直接監督するのは、ユーロ圏の約六〇〇〇の銀行のうち、資産規模が三〇〇億ユーロ超、資産規模が母国のGDPの二〇%以上を占める約一三〇の大手行であり、連結ベースでユーロ圏の銀行総資産の八五%あまりをしめている。その他の銀行については、ECBは、母国の監督機構をつうじて間接的に監督しているが、ECBは、直接監督する権限を有している。

単一銀行破綻処理制度は、二〇一五年一月にスタートしたが、銀行の破綻処理に公的資金の投入を回避するために、銀行業界が一六年から八年かけて総額五五〇億ユーロの基金を積み立てることになっている。

預金保険制度は、預金者一人あたり一〇万ユーロが保証されることが決まっている。ただし、同制度を銀行同盟に一元化することについては、ドイツなどが、自国の保険基金が他国の預金の保証のために使われることに難色をしめしていることもあって、あまり進展していない。

銀行同盟というのは、不良債権の累積などによる銀行の経営悪化をECBやEUが早いうちに把握し、統一された単一の制度にもとづいて、銀行の破綻処理をおこない、ユーロ圏の金融システム危機を事前に回避しようとするものである。

(2) 欧州連邦の議論

通貨統合が通貨主権をECBという超国家機関に委譲するものである以上、「金融政策(通貨発行)」連邦制という政治統合に一歩踏み込んだものということができよう。

銀行同盟も、ユーロ圏各国の銀行監督権限をECBに委譲するというものであり、「銀行」連邦制という事実上の政治統合であるといえるかもしれない。

政治統合の領域に踏み込んだ通貨統合が完結するためには、なんらかのレベルでの政治統合(連邦制などの国家の形成）の実現が必要である。現状では、政治統合には、連邦制への移行という見解と既存の国家による比較的おだやかな連合体がかんがえられる。

ドイツが連邦論を積極的に主張し、イギリスやフランスは、連邦論に懐疑的で連合論を支持してきた。ここで、ドイツの連邦論についてみてみよう（中嶋洋平「来るべき『欧州連邦』」『KEIO SFC JOURNAL』Vol. 7. No. 1）。

一九九四年にドイツの政権与党であるキリスト教民主同盟・キリスト教社会同盟の議員団は、欧州連邦国家の建設を視野にいれた統合論を提示した。

ドイツ外相であったJ・フィッシャーは、二〇〇〇年五月にフンボルト大学でおこなった演説で、このような旧来の国民国家に代わって主権をもつ欧州連邦をつくるという連邦論というのは、現実にそぐわないとした。

フィッシャーによる主要な提案は、次のようなものである。

第一に、ヨーロッパと国民国家の主権を「補完性の原理」によって分割する。すなわち、下位のレベルで解決できないことだけを上位のレベルでおこなう。

第二に、欧州議会を二院制とし、第一院は、加盟諸国に所属する議員、第二院は、加盟諸国で直接選挙により選出された議員によって構成される。

第三に、閣僚理事会（各国政府が欧州政府を構成）か欧州委員会（直接選挙で選出される大統領制の導入）を行政機関に発展させる。

第四に、主権の分割は、「憲法条約」で規定する。

このような提案であるが、基本的には連邦論であり、現実的なものではなかった。

（3）財政連邦制への移行

ユーロを導入した国々からなるユーロ圏では、国民国家の国家主権の一部が超国家機関であるEUやECBに委譲されている。

通貨発行と銀行監督などで超国家機関に主権が委譲され、事実上は、これも無理があるものの「経済」連邦制に移行しているといってよい。さらに、加盟国は、財政赤字の削減を強制されており、「財政」連邦制に移行している。財政主権の一部の超国家機関への委譲により、「経済」連邦制がより強固なものとなってきているといえよう。

EU諸国では、ドイツが旗振り役となって財政赤字の削減により、緊縮財政が推進されている。とくに、EUでは、リーマン・ショックやギリシャ危機を契機に、共通財政政策が強化されてきている。

二〇一一年一二月には、財政赤字の削減をもとめる「安定・成長協定」を、予防的・是正的措置の両面から強化する「経済ガバナンス六法」が施行された。

たとえば、中期財政目標から構造的財政収支の乖離幅が、一年間で対GDP比〇・五％、あるいは二年連続で〇・二五％以上となったばあい、対GDP比で〇・二％の有利子預託金をEUに預託しなければならないことになった。

二〇一三年一月には、健全財政の実現のために「財政協定」が発効し、中期財政目標を各国の「憲法」、あるいは、拘束力があり、永続的な性格を有する法に規定することがもとめられた。こうして、各国の中期財政目標の遵守状況監視機関の設置について、「憲法」などに規定されることになった。

そこで、たとえば、二〇一二年にフランスでは財政高等評議会、一四年にイタリアでは議会予算局が設置された。ドイツでは、一九六三年に設置された五賢人委員会が監視機関とされている。

同協定での中期財政目標は、財政収支を均衡またはプラス、ないしは構造的財政収支赤字の対GDP比〇・五％以内というきびしいものである。

二〇一三年五月には、ユーロ圏諸国に適用される「経済ガバナンス二法」が発効した。同法は、欧州委員会が、各国の予算を「安定・成長協定」にそって分析し、違反があれば修正を要求できるというものである。さらに、深刻な金融危機、あるいはすでに予防的な金融支援を受けている加盟国の監視を強化するとともに、支援プログラム終了後の監視の仕組みをさだめている。

このように、ユーロ圏各国の健全財政を実現するために、各国は、みずからの国家主権をある程度は超国家機関に委譲しているということができるので、ユーロ圏は、「財政」連邦制に移行しているということができるかもしれない。

（4）経済通貨統合完成の提言とローマ宣言

欧州委員会、欧州理事会、欧州議会、ユーロ圏財務相会合（ユーログループ）、欧州中央銀行（ECB）のEU主要五機関の長は、二〇一五年六月に欧州経済通貨統合（EMU）の完成をめざす提言「経済通貨統合の完成に向けて」を作成した（村上直久『EUはどうなるか』平凡社新書、二〇一六年）。

EMUの目的は、経済成長と物価安定の均衡のとれた繁栄、完全雇用と社会的進歩をめざす、競争的で社会的な市場経済を実現することである。この提言は、そのために、さらなる措置が必要であることを強調している。EMUの完成年度は二〇二五年とされている。

二〇一七年三月二五日には、EUの基礎を築いた「ローマ条約」調印七〇周年を記念するEU首脳会議がイギリスをのぞく二七国首脳の参加のもとに、ローマで開催された。

イギリスのEU離脱、欧州債務危機、移民・難民問題の深刻化、極右勢力やポピュリズム（大衆迎合主義）の台頭などで、EUの根幹がゆらぐなか、EUの結束を確認するために、EUの原点である「ローマ条約」に立ち返ろうとするものである。

ここで注目すべきことは、統合への施策を各国の諸事情にあわせて実施する柔軟さ、すなわち、「同じ方向に向かいながら、必要なときに異なる速度や強さで行動する」として、「統合速度の多様化」をみとめていることである。

（5）現代のドイツ〝帝国〟

連邦国家というのは、中央政府を有する主権国家にほかならない。

欧州委員会のドロール元欧州委員長がいうような「諸国民国家の連邦」は、主権国家を維持しながらほんらい主権国家であるはずの連邦を構築するということになるので、政治学的整合性をいちじるしく欠いている（同論文）。

厳密な意味での欧州連邦の建設がかなりむずかしいなかでは、加盟国を形成する各国民国家と連邦政府の間で、「補完性の原理（国民国家のできないことだけを連邦政府がおこなう）」にもとづいて、ユーロ圏と国民国家の間で主権を分割しようという考え方が出てきたのであろう。

重要な国家主権のひとつである通貨主権を超国家機関であるECBに委譲するというのは、「補完性の原理」にもとづくものであるとかんがえられる。そうであるとすれば、現在のユーロ圏は、少し無理があるが「補完性原理」連邦といえないこともない。

現在、ヨーロッパでは、「経済」連邦制のうち協調的連邦制に突き進んでいるように見受けられる。「経済」連邦制というのは、もちろん欧州連邦ではないし、政治統合でもない。

しかしながら、ユーロ圏では、通貨主権と銀行監督権限などが超国家機関に委譲され、さらに国家主権の根幹をなす財政赤字の削減を強制されており、「財政」連邦制に移行しつつある。したがって、ユーロ圏は、少なくとも「経済」連邦制と規定することができるかもしれない。

もちろん、これは連邦国家ではない。あくまでも条約によって、ユーロ圏諸国が超国家機関に国家主権の一部を委譲しているだけのことだからである。しかしながら、本書では、「経済」連邦制こそ、現代の国家概念のひとつの類型として登場してきているとかんがえている。

現在のドイツが〝帝国〟であるとするのは、まさに、ドイツがユーロ圏はもちろんヨーロッパにおいて〝経済連邦〟を構成しているからである。

ここで、〝帝国〟という概念にあたらしい国際秩序をみる立場をとることにする。すなわち、国民国家同士の対立・競争に代わって、諸民族をいわばソフトに包み込み、融和させる秩序として〝帝国〟をとらえるということである（竹中亨「歴史研究とシステム論的権力・帝国」『Public History』Vol. 1, 二〇〇四年）。

ドイツは、欧州債務危機を契機に、ヨーロッパ諸国を経済的に支配するようになった。この経済支配が政治・軍事「支配」に深化しているとかんがえられる。いままでの常識では、そんなことは、ありえないことである。まさに、あらたな「国家概念」が必要とされているとするゆえんである。

本書では、ヨーロッパに君臨する現代ドイツ〝帝国〟がそれであるとかんがえて、その実態について、具体的にみてみることにしよう。

第一章　後発型産業革命とファシズム

プロイセン王国（ドイツ）は、一八〇七年にナポレオン戦争に敗北すると、強大な国家を建設するうえで、それまで実学であって、学問ではないとして軽視されてきた工学の重要性を強く認識し、大学での科学技術研究・教育を強力におしすすめた。モノ作り国家ドイツは、ここにはじまったといえよう。

近代化にあたって、ドイツでは、イギリスやフランスなどとちがって、新興ブルジョアジーが市民革命によって、封建制を打破することはなかったといわれているので、ドイツの近代化は、かなり封建制の残滓を引きずるものであった。

多くの領邦国家に分裂していたこともあって、ドイツでの産業革命はイギリスに五〇年以上も遅れた。イギリスは、すでに近代化を完成させていたので、ドイツは、国内産業育成のために保護主義政策をとるとともに、国家が産業育成をすすめ、鉄道建設をテコに近代化を推進した。

一九世紀末には、世界に先駆けて重化学工業を構築し、アメリカとともに、ついに世界史の表舞台に登場した。史上はじめて世界を巻き込む戦争である第一次世界大戦が可能となったのは、経済的には、不幸にも、重化学工業の生産力段階に到達したからである。

敗戦の痛手から立ち直らないうちに、一九二九年には未曾有の大恐慌にみまわれた。すさまじい生産の落ち込みと大量の失業者が街にあふれるなかで、国家社会主義ドイツ労働者党（ナチス）が議席を伸ばし、ついに政権を奪取した。

ナチス経済によって、大恐慌からの離脱に成功したといわれているが、その根本的要因は、そもそもヒトラーが政権を奪取したときには、大恐慌が底入れしたことにある。すなわち、誰が政権を取っても大恐慌は終息した。もちろん、経済がダイナミックに「成長」したのは、当初の公共事業、つづく準戦時体制・戦時体制への移行によるものである。

ヒトラーの政権奪取の帰結は、絶望的な第二次世界大戦への突入、六〇〇万人にものぼるユダヤ人の大虐殺（ホロコースト）という世界史の悲劇であった。この悲惨な歴史が、第二次世界大戦後のドイツ（西ドイツ）の政治・経済に重くのしかかることになった。

1　後発型産業革命と重化学工業

（1）鉄道建設主導の産業革命

ナポレオン戦争での敗北

一八〇七年一〇月にプロイセンはフランスとの戦争で、強力なナポレオン軍に壊滅的大敗を喫した。それは、プロイセン軍が何十年にもわたって軍政改革などをおこなわなかったので、訓練不足と軍備・兵器において劣勢だったからである。

軍隊の訓練不足と兵器の性能が敵側より劣っていれば、戦争で勝利できるはずもないということに、プロイセンはようやく気が付いた。

通常、「シュタイン＝ハルデンベルグ改革」といわれるものがすすめられたが、その中心は、防衛力の強化のための施策であった。ここで、プロイセンでの科学技術の発展のために、従来は実学とされ学問ではなかった工学が大学で重視されるようになっていった。

それまで大学（Universität）で研究・教育がおこなわれていた科目、すなわち学問というのは、神学、医学、法学などであり、工学などの実学は学問ではなかった。したがって、大学という名称の使用は許されず、専門学校（専門「大学」―Hochschule）と名乗らざるをえなかった。

工科大学（Technische Universität）という名称に使用できるようになったのは、なんと第二次世界大戦後のことである。

とはいえ、学問ではないと「蔑まれ」てきた工学がドイツ全土で学問として研究され、教育されるようになったことは画期的なことである。産業革命では、イギリスやフランスにおくれをとったドイツであったが、重化学工業化で世界をリードすることができた技術的な大前提は、ここにあったといえる。

関税同盟の発足

一八三四年一月一日にドイツ関税同盟が発足したが、これが、その後のドイツの経済発展の大きなきっかけとなった（若尾祐司・井上茂子『近代ドイツの歴史』ミネルヴァ書房、二〇一三年）。

当時は、いわゆるドイツという国家は存在せず、プロイセンやバイエルンなどをはじめとする大小の領邦国家からなっており、統一的な国民経済というのは形成されていなかった。ここで、関税をとらないという経済圏が構築されたことで、ドイツにおける近代化（産業革命）が開始されることになった。

一八三三年三月に「プロイセン関税法」を基礎とするドイツ関税同盟条約が締結された。ここに、加盟一八邦、人口二三〇〇万人を擁する共同関税地域が登場することになった。

一八三四年の関税同盟の発足、次の年三五年のニュルンベルグ-フェルト間（六キロ）での鉄道の開通により、イギリスに遅れることじつに半世紀、ドイツの産業革命が急速に進展していくことになった。

ところが、この当時、鉄道建設の意義を理解できるひとは少なかった。したがって、当初は、進取の気性にあふれる民間業者が鉄道建設をおこなった。こうして、郵便馬車よりも快適で速く、採算もとれることがあきらかになってようやく、国家が本格的に鉄道建設に乗り出した。

一八四七年になってプロイセン政府は、はじめて国費によるベルリン-ケーニッヒスブルグ間の東部鉄道計画を決定した。こうして、国家が中心となってドイツの鉄道建設が急速に推進されていくことになったのである。

イギリスでは、繊維産業の創出・発展によってダイナミックな産業革命が推進されたが、ドイツでは、鉄道建設がその役割を担った。

イギリスのように繊維産業を創出することから産業革命がはじまるのではなく、イギリスにおいて、産業革命の遂行過程で進展した鉄鋼・石炭業、機械工業などを移植・創出する方策を採用した。これらの産業は、鉄道建設推進の不可欠の前提である。ここにドイツの近代化の大きな特徴があった。

それは、ひとつは、関税同盟の発足と鉄道網の建設によって、分断されていたマーケットが統一されたこと、もうひとつは、もっとも重要なことであるが、ドイツの産業革命が旺盛な鉄道建設によって推進され、重工業の構築がはじめから推進されたことである。

三つ目には、鉄道建設には、膨大な資本が必要とされるが、ドイツではこの当時、株式会社制度が積極的に導入されたことである。ドイツにおいて、その後、重化学工業が発展していくのは、企業者によるイノベーションとともに、大規模な資本を調達できる株式会社制度が活用されたことによるものである。

積極的な鉄道建設によりドイツの鉄道網は、一八八八年には四万キロを超えたが、鉄道建設は、鉄鋼、石炭、機械、機関車・車両などの重工業を中心とする、ダイナミックな経済発展をもたらすことになった（同書）。

鉄道建設による近代化

ちなみに、ドイツでは、鉄道を一キロメートル建設するには、一六〇トンの鉄を必要とした。一八七一年のドイツ帝国成立時の粗鉄生産量は一四〇万トンに達し、一人当たりの生産量でフランスを追い越した。鉄鋼生産量は一〇〇万トンを超えた。

ルール地方をはじめプロイセンに大量の石炭が埋蔵されていたが、それは、コークスを利用する鉄鋼業を発展させるばかりでなく、ドイツ全体の工業化が急激に進展する前提となった。

一八四二年までイギリスが機械輸出を禁止していたので、鍵屋・鍛冶屋・時計工などの小製造業者が、イギリスにわたって技術を学んだ後、イギリスから持ち帰った繊維機械を模倣し、補充することからドイツの機械工業がはじまった。ドイツ帝国成立時には、約一四〇〇まで機械製作工場が増加したが、ついに機械の輸出量が輸入量を上回った。

とくに、鉄道の普及にともなって機関車・車両の需要が伸び、ドイツ経済が飛躍的に成長することになった。一八三六年に第一号の機関車がドイツで製造されたが、七一年には、ドイツで製造される機関車六〇〇〇台のうち外国製は四％以下となっていた。

このように、機関車の国産化の事実上の達成が、ドイツにおける産業革命の達成とみることができる。ここで、ドイツでの産業革命がまた、あらたな生産力段階である重化学工業に突入する過程でもあったことがきわめて重要である。

ドイツ帝国の成立

一八七一年一月一八日、プロイセン国王ヴィルヘルム一世を初代皇帝とするドイツ帝国の設立が宣言された。これは、連邦制の帝国であって、四月に「ドイツ帝国憲法」が発布された（メアリー・フルブロック著、高田有現・高野淳『ドイツの歴史』創土社、二〇〇八年）。

同憲法により、帝国の構成国である各邦国は王制を維持するとともに、内政においてかなりの権限をあたえられたが、外交と戦争については、帝国の権限のもとで決定されることになった。

これが第一回目のドイツ統一である。ちなみに第二回目は、一九九一年の東西ドイツの統一である。

一八七〇年代には、経済的統一を推進する諸方策がとられた（成瀬治他『ドイツ史 2』山川出版社、二〇〇一年）。貨幣の統一、金本位制の確立、度量衡・郵便制度・銀行制度の統一、中央銀行の設立、特許法の制定などがおこなわれた。こうした経済上の諸方策がとられることによって、ドイツは、それまでの農業国から工業国へと転化していった。

（2）一九世紀末大不況と第一次世界大戦

株式会社制度の普及

ドイツで産業革命が開始されてまもない一八五〇年代あたりから、株式会社制度が本格的に利用されるようになった。それは、資本主義の発展にともなう企業の固定資本拡大に対応するには、株式会社制度がきわめて適合的だからであった。

ちなみに、世界史のうえで最初の株式会社は、一六〇二年にオランダで設立された東インド会社であるといわれている。それは、当時の低い航海技術からくる貿易失敗のリスクが高く、航海に必要な巨額の資金負担とリスク負担は、個人レベルではとうてい引き受けられるものではなかったからである。だが、成功したばあいの利益は巨大なものであった。

そのため、最初は、何人かが出資して船団を仕立て、航海が終了すると利益を分け合う仕組みがとられた。そして、航海ごとには清算しないで、継続的に事業をおこなう事業体として設立されたのが東インド会社であった。

もちろん、近代的な株式会社制度が支配的となるのは、一九世紀も後半のことである。それは、産業革命が終了し、資本主義経済が発展していくと、企業の固定資本投資額が巨大化していったからである。たとえば、鉄道建設などでは、個人的な資本蓄積ではとうてい、必要とされる資本規模を確保できなくなってしまった。

巨額の必要資本額の調達方法として、借入れという手段がある。しかし、短期金融を中心とするイギリスのような預金銀行型の銀行では、設備投資資金という長期の資金を貸し付けることは不可能である。借り手側が、シンジケート・ローンのような形で借入れをしたとしても、企業業績のいかんにかかわらず確定利子を支払わなければならず、借入れが多ければ多いほど企業の負担となる。

さらに、返済時に全額返済をしないかぎり借り換えが必要であるが、従来と同じ条件で借り換えができるという保証はない。最悪のばあいには、業務停止に追い込まれる可能性もある。そこで、株式会社制度が登場する。株式というのは、社会的に遊休した比較的小口の資金を集中する手段で、調達資金は、企業の自己資本となり、借入資金のように返済の必要がない。

株式に投資した投資家は、そのかぎりでは、株式を金融資産として保有するのではなく、株式会社への出資者となり、会社の経営に参画する権利を有する。したがって、投資資金にたいする報酬は、利子ではなく利益の配分である配当というかたちで支払われる。

しかしながら、株式会社が存続するかぎり出資者でよいとするひとは、出資者がよほどの資産家でもないかぎり、さほど多くはない。また、出資者となった株主であっても、事情により出資資金の回収が必要となったばあい、それが不可能であれば、株式に投資する投資家の範囲はせばまる。となれば、比較的小口の資金を大量に集めることはできない。

そこで、資金が株式会社の自己資本となる株式を流動化（現金化）するための市場である流通市場が、発行株式会社とは完全に別に整備される。株式が大規模に発行されるための前提条件は、流通市場が十分に整備されていることである。

株式会社制度の本格的な導入と株式流通市場（もちろん現在のようなものではないが）が整備されることによって、資本主義は、金融システム面で重化学工業の生産力段階に転化することが可能となった。その過程でみまわれたのが、一九世紀末大不況であった。

ユニバーサルバンクの成立

ドイツで、株式会社制度が普及し、一九世紀末に世界に先駆けて重化学工業を発展させたが、それは、ドイツで成立した独特のユニバーサルバンク制度によるものでもあった。

株式会社制度が存在していたとしても、比較的小口の資金を幅広く集めるには、発行会社の信用力が不可欠である。発行会社が倒産すれば、発行会社はもちろん弁済できないし、流通市場で株式を買ってくれる投資家など存在しないからである。とすれば、ドイツでは、どのような方法で株式会社制度が有効に機能したのか。

近代化にあたり、一八五〇年代に地元の名士などが株式会社銀行を設立し、ユンカー（東ドイツ地域の大地主）などから株式発行によって返済不要の自己資本を調達した。この資金を企業者（リスクをとって起業する技術者）に貸し付けて、個人企業を創業させた。

経営が軌道にのった段階で、個人企業を株式会社形態に組織変更させ、貸付金額に見合う分を（額面）株式と交換した。現在のDES（債務の株式化―Debit Equity Swap）である。ドイツでは、なんと一〇〇年以上も前にDESがおこなわれていた。

経営が軌道にのり、高収益を計上していれば、株価は額面をはるかに超えて上昇しているはずである。その段階で銀行が保有株式を流通市場で売却すれば、膨大なキャピタルゲイン（創業者利得）を獲得できる。きわめてリターンの高い株式発行・引受け業務である。

ところが、リスクも恐ろしく高い。株式と交換する前に当該企業が倒産すると貸し倒れになるし、株式と交換した後だと流通市場で株式が売れず紙屑になってしまうからである。一八五〇年代に株式会社形態をとる銀行が、バタバタつぶれたのはそのためである。

そこで、リスクの高い株式発行・引受け業務だけだと銀行経営が不安定なので、支払い・決済業務など企業金融業務を兼営することで、収益の安定をはかるようになった。ベルリン所在の大銀行は、ルール工業地帯で企業金融をおこなっている地方大銀行を買収することによって、収益の安定化をはかった。おかげで、一八七〇年代に設立されたドイツ銀行などの大銀行が現在まで生き延びることができた。

このように証券業務と銀行業務を兼営する大銀行は、ドイツ金融史では兼営銀行（Gemischte Bank）とよばれた。これが、第二次世界大戦後、大銀行が広範な株式・銀行業務をいとなむようになってユニバーサルバンク（Uiversalbank）とよばれるようになった。

兼営銀行（ユニバーサルバンク）は、企業の株式発行・引受け業務によって、企業の業務内容をほぼ正確に把握することができるとともに、支払い・決済業務をおこなうことで企業の資金の出入りをみて企業経営も把握することができた。
このように、ドイツの大銀行は、リスクをある程度は回避しながら、成長産業に積極的に巨額の資金を融資し、重化学工業主導のドイツ経済の発展におおいに貢献してきた。もちろん、企業の資金調達・経営状況に深くコミットできる大銀行は、ドイツ経済において、強大な「支配力」を行使してきたとして、何度も批判の的になってきたこともまた事実である。

一九世紀末大不況

企業が自由に競争する資本主義の発展期の最後に起こったのが、一八七三年の恐慌にほかならない。この恐慌は、資本主義が重化学工業を生産力基盤とする独占資本主義への移行の開始をつげるものであった。資本主義は、その後、一八八〇年代に多少回復したものの、二十数年間にわたって、長期の不況にみまわれた。

これが、世界経済史において、一九世紀末大不況とよばれるものである。

この時期に、新興資本主義諸国であるアメリカとドイツで重化学工業を中心にトラスト・カルテル化運動がすすむとともに、イギリスやフランスが支配していた世界市場の再編の動きが進展していった。

世紀末大不況の時期に、世界史のうえではじめて産業革命を遂行し、「世界の工場」の地位を築いたイギリスの世界的な工業独占が崩れ去った。この時期に、当時、工業生産の中軸であった銑鉄生産高で、アメリカはイギリスを追い越し、世界第一位の座についた。一八六〇年代に銑鉄生産でフランスを追い抜いたドイツは、第二位に転落したイギリスにせまった。

世紀末大不況期に、アメリカとドイツでは、国内企業が独占化することによって、生産性が飛躍的に向上する一方、先発資本主義国たるイギリスやフランスは、みずからの世界市場支配を強化することによって対抗しようとした。

独占資本主義にいたって、歴史上はじめて、第一次世界大戦という世界戦争が勃発する経済的前提が、ここで形成されたということができるであろう。

ドイツにおける重化学工業というのは、特殊ドイツ的産業革命の帰結として成立した。すなわち、産業革命でイギリスにおくれをとったドイツは、当初から重工業でキャッチ・アップをはかるとともに、工業生産におけるイギリスの世界的な優位性を打破するために、あらたな産業としての電機、自動車、化学、ディーゼル・エンジンなどの新規産業・技術を開発し、いち早く重化学工業を確立した。

一九世紀末大不況期に、ドイツの多くの企業者が創造的破壊によって、あらたなイノベーションをおこない、その後のドイツ経済の高揚をもたらした。同じくイギリスに産業革命で先を越されたものの、国内に広大な市場・フロンティアをもっていたアメリカは、さまざまなイノベーションによって、一挙に世界一流の重化学工業を創出した。

世紀末大不況は、それまでの繊維産業を基盤とする自由競争資本主義を、重化学工業を基盤とする独占資本主義に移行させる不況であった。シュンペーター流にいえば、大不況は、繊維産業が成熟段階にいたって、資本主義が「均衡状態」に到達したということなのであろう。

シュンペーターは、繊維産業の次のイノベーションは鉄道であるといったが、大不況のなかであらたなイノベーションである電機・自動車などの開発がおこなわれた。大不況が終結するのは、一九世紀末に重化学工業が支配的な生産力基盤となったからである。

世紀末大不況というのは、繊維産業の利益があがらず「衰退産業」となることで、資本主義が成熟期をむかえ、成長が停止してしまったということである。そこからあらたな成長産業たる重化学工業が創出されることによって、資本主義は、長期の不況から離脱できたのである。

しかし、残念ながら、資本主義が「平和的」に工業生産力を拡大したのはここまでであった。重化学工業の段階にいたるとプロセス・イノベーション（技術革新によるあらたな製品が普及する過程）で資本主義が発展したが、その後、しばらくは、もっぱら「世界戦争」によって工業生産力が質的に「向上」したとかんがえられるからである。

イノベーションは、「戦争」による科学・技術開発を前提として展開されるようになった。二度の世界大戦と東西冷戦によって、科学・技術が飛躍的に「発展」するのはそのためであろう。

重化学工業を生産力基盤とする独占資本主義の段階では、企業の自由競争から巨大企業の協調体制に転化したので、一九二九年世界大恐慌という例外をのぞけば「恐慌」に形態変化が生じた。とくに、金本位制（金の裏付けを有する貨幣が流通）から管理通貨制（金の裏付けを断たれた貨幣が流通）に移行すると、「恐慌」そのものが発現しなくなった。

こうして、「恐慌」による生産性の向上機能が損なわれていった。東西冷戦をふくめて、「世界戦争」が工業・農業生産性を向上させる機能を代替するようになったからである。

ドイツの社会政策

一八七一年にドイツ帝国を建設したオットー・フュルスト・フォン・ビスマルクは、社会主義運動を徹底的に弾圧した。七三年に発生した恐慌は、労働者の生活を破壊したが、ビスマルクの社会主義運動の弾圧は、労働運動をますます急進化させる結果となった。

そのため、ビスマルクは、一八七八年に「社会主義者鎮圧法」を成立させた。この法律は、すべての社会主義者と労働組合を非合法化するものであって、もっとも過激な社会民主党を封じ込めようとするものであった。

しかし、他方で、ビスマルクは、社会民主党を力だけで封じ込めるのはむずかしいので、労働者を困窮から救い出し、生活改善などの施策をとることによって、過激な労働運動をおさえ、革命運動をその根本から断つことができるとかんがえていた（木谷勤『ドイツ第二帝政史研究』青木書店、一九七七年）。

ビスマルクが国家社会政策を遂行することができたのは、企業経営者の利害ともある程度一致したからである。すなわち、ルールやザールの重工業経営者は、社会民主党の進出を食い止めるだけでなく、より直接的に、工場災害のばあいの経営者の賠償負担の軽減、重工業にとってとりわけ重要な熟練労働者の定着と安定雇用を促進するために、国家社会政策の実施を要望していたからである。

一八八三年に「疾病保険法」が成立した。同法は、労働者が発病して三日目から一三週間の治療費を支払い、負担金のうち労働者が三分の二、経営者が三分の一を負担することとされた。保険の適用は、組合金庫や互助金庫など既存の地域協同組合的互助組織にゆだねられた。

一八八四年に「労働者災害保険法」が成立した。第一次法案は、八一年に帝国議会に上程されたが否決された。同法案は、就業中に災害にあったばあい、過失責任の有無にかかわらず、年収二〇〇〇マルク以下のすべての工場労働者に保険金が支払われ、保険金は、経営者と労働者の双方が負担するものの、労働者の年収が七五〇マルク以下のばあい、労働者の負担は、国庫が肩代わりするというものであった。しかし、国家の公衆への影響力拡大を嫌う議会によって否決された。

一八八二年に第二次法案が上程されたがこれも審議未了で廃案になった。第二次法案では、保険業務の担い手として第一次法案にあった国家機関としての保険局の設置ではなく、民間協同組合の設立が盛り込まれた。結局、ビスマルクは、国庫による肩代わりをあきらめて、低収入労働者の負担金を全額経営者が負担するということにして、第三次法案として八四年に帝国議会を通過させた。

一八八九年には、「老年・廃疾保険法」が成立した。老年保険では、労働者が二五年間負担金の支払いをおこなって七一歳から、廃疾保険では、四年間の掛け金の支払いの後、それぞれ年金が支払われる。この保険ではじめて、ビスマルクの念願であった保険金の一部国庫負担が実現した。

ビスマルクは、あくまで国家秩序の維持のために、重工業企業経営者の支持のもと、このような国家社会政策を採用した。

したがって、とうぜんのように、労働者を苦しめている長時間労働や低賃金に手を付けることはなく、あくまでも、労働者が病気や災害、老年など仕事からはなれたときだけ恩恵をあたえるという社会政策であったので、労働者を社会民主党の影響から引き離すことはできなかった。

かくして、一八八八年にルールからはじまって、全国の炭鉱に波及したストライキを、あくまで「社会主義鎮圧法」の強化で押し潰そうとしたビスマルクと、国家社会政策の維持と労働者保護立法によって、労働者と和解しようとした皇帝ウィルヘルム二世との対立が深まり、ビスマルクは九〇年三月に辞任した。辞任後、「社会主義鎮圧法」が廃止された。

一九〇〇年には、「営業令」が改定され、日曜休日制、賃金現物払い制禁止、工場の安全・衛生設備設置の義務化、一三歳以下の子供の就業禁止、少年・婦人の夜間労働禁止など労働保護規制が強化された。「営業令」の改定にあたって、工場労働者に労働規則の制定を義務付けたが、そのばあい、労働者が意見をのべる機会がかならず設けられなければならないとされた。そこで、「営業令」の改定と同時に、労働者の共同決定権が成立した。

こうした国家社会政策の目的もまた、労働者を社会民主党の影響から引き離すことであったので、それがかなわぬとなると、ウィルヘルム二世もまた弾圧政策をとった。

その後、一九〇五年にルール炭鉱ストライキを契機にして成立した「プロイセン改正鉱業法」は、ストライキ中の労働者の要求を大幅に取り入れて、常設労働者委員会設置の義務化とその選挙制、搬出石炭量による請負賃金算定にさいしての労働者の共同決定権、入出坑時間の就業労働時間への繰り入れなどがあらたに盛り込まれた。

このようにドイツ帝国では、労働者の懐柔策であったとしても、労働者保護のための社会政策が、かなり遂行されたということはできるであろう。これがドイツ革命をへてワイマール共和国につながる。

重化学工業の発展

一九世紀末大不況の過程で資本主義は、繊維産業から重化学工業の生産力段階に移行した。第一次世界大戦は、人類が重化学工業の生産力段階に到達することで、経済的に世界中を巻き込む世界戦争が可能となったことで勃発した。

政治的には、先発資本主義であるイギリスやフランスの世界市場支配にたいして、ドイツなどの新興諸国があらたなマーケットの獲得に動き出して、その世界支配と対立するようになったからである。

第一次世界大戦は、一九世紀末から二〇世紀初頭にアメリカやドイツで発展した重化学工業をさらに「深化」させる役割をはたすとともに、世紀末大不況期に発展した科学・技術や重化学工業がさらに「質的」に「発展」していくきっかけとなった。

自動車は戦車に、商船は軍艦に転用され、電気系統はあらゆる兵器に使われて「高度化」し、化学工業の「発展」でさらに殺傷力のある爆薬が開発され、それまでの大量の石炭を積んで走る軍艦から、かさばらない石油で長距離航行できるディーゼル・エンジン搭載の軍艦が登場した。

重〝化学〟工業の「発展」によって、毒ガスが歴史上はじめて実戦使用された。さすがに毒ガスは、あまりにも悲惨な兵器なので、大戦終了後、条約で戦争での使用が禁止され、現在までつづいている。

第一次世界大戦では、開発されて間もない飛行機がはじめて実戦に投入された。初期の飛行機の実戦使用は、操縦士が手で爆弾を投下するという「原始的」なものだったようであるが、それまで地上や海上での戦闘しか経験しなかった人類が、はじめて戦争で大空をも利用できるようになったのである。

戦車、ディーゼル・エンジンによる軍艦など、動力による兵器の開発と、飛行機の利用というのは、不幸にも戦争の「質的発展」の第一段階といえるかもしれない。ドイツは、潜水艦を開発して第一次世界大戦で実戦使用した。人類は、海の中を使っても戦争をするようになってしまった。

人類最初の世界戦争である第一次世界大戦は、ふたつの側面から、その後の世界史を大きく規定することになった。ひとつは、人類が世界戦争によってしか、科学・技術のダイナミックな「発展」ができなくなり、戦争経済ないしは準戦時体制の構築という、国家を巻き込んだかたちでしか「経済成長」ができなくなったということである。

すなわち、古典派経済学者アダム・スミスがいうような、自由競争による資本主義の「自律的」経済成長ができなくなってしまったということである。その矛盾が一気に噴き出したのが、一九二九年世界大恐慌であった。

もうひとつは、第一次世界大戦中に「帝国主義戦争を内乱へ」というスローガンをもとに、戦争末期の一九一七年にロシア革命が勃発したことである。ロシア革命の成功には、日本もおおいに「貢献」している。

ロシアでの革命

第一次世界大戦に先立つ一九〇五年の日露戦争にさいして、日本陸軍は、レーニンをはじめとする革命勢力に膨大な資金援助などをおこなった。日本にとっても革命勢力にとっても、帝政ロシアは共通の敵であった。「敵の敵は味方」というわけである。

資本主義の「発展」が遅れていたロシアで、「社会主義」革命が成功したことは、いい意味でも悪い意味でも、その後の世界史に大きな影響をあたえることになった。ほんらいであれば、資本主義が発展していなかったロシアで、社会主義システムなど成立しえないはずである。社会主義計画経済というのは、理論的には、きわめて高い生産力水準を有するようになってはじめて成立するからである。

「社会主義」ソ連（ソビエト社会主義共和国連邦―ロシアを中心に近隣諸国を巻き込んでなかば強制的に結成された）というのは、結局は、おそろしく非効率的で、遅れた経済システムがずっと温存され、政治的には共産党一党独裁国家にすぎなかった。

もろちん、当時はまだ、資本主義も「未成熟」な段階にあり、経済成長を優先しようとすれば、労働者・庶民にやさしい政治などできようはずもなかった。したがって、現在ではとうていかんがえられないことであるが、「社会主義」国の登場は、資本主義にとって大きな脅威となった。

というのは、「社会主義」というのは、資本主義の諸矛盾を克服した政治・経済体制とみなされていたからである。日本でも、ロシア革命が勃発したときに、ある労働者が家に帰って子どもに、「喜べ、労働者の時代がきた」といって小躍りしたという逸話が残っている。

資本主義というのは、資本家階級が支配している体制なので、労働者の国家である「社会主義」国家を樹立するためには、生産手段を労働者階級が資本家階級から奪取しなければならない。しかしながら、支配階級たる資本家階級が、みずからすすんで労働者階級に権力を禅譲するわけがない。そこで革命の必要性が出てくる。

したがって、資本主義を「止揚」した、より「高次」の政治・経済体制であるはずの「社会主義」社会を構築するためのロシア革命の成功は、資本主義社会にとって驚愕する出来事だったのである。そのため、西欧諸国や日本などは、なんとか歴史上最初の「社会主義」国をつぶそうとして、シベリア出兵などの干渉戦争をおこなった。それでもロシアはもちこたえた。

ただ、当時は、「社会主義」国はソ連（ロシア）一国だったので、資本主義世界にたいする影響は、あくまでも精神的なものにすぎなかった。とはいえ、資本主義と異なる体制が世界史上はじめて登場したことは、その後の政治・経済システムにきわめて深刻な影響をあたえることになった。

ドイツ革命の勃発

第一次世界大戦休戦条約調印の二日前の一九一八年一一月九日に、なんとドイツ革命が勃発した。これは、世界戦争の混乱のなかでおこったものであって、歴史上はじめて「唄をもたない革命」といわれている。これも別の意味で「帝国主義戦争が内乱」に転化したものであるといえるかもしれない。

大戦では、とくに労働者・庶民が悲惨な戦争の犠牲者となるので、帝国主義戦争を遂行する国家を転覆させようという革命が勃発するのもとうぜんのことだろう。しかも、ドイツの軍部などは、戦争で負けたということを決してみとめなかった。

誇り高きドイツ国防軍上層部は、「匕首（あいくち）伝説」といって、戦闘で負けていなかったのに、後ろから匕首で刺されたから敗戦となったといってはばからなかったという。もちろん、敗戦の責任回避の方弁なのであろうが、新型（豚）インフルエンザの軍隊への蔓延とドイツ市民が立ち上がったことで、第一次世界大戦が終わったというのも、もしかしたら歴史の真実かもしれない。

ドイツ革命以降、ドイツでは、歴史上まれにみるほどの民主主義的な「ワイマール憲法」（もちろん、緊急事態条項など不備があったが）が制定され、ワイマール共和国が登場した。ヒルファディングやシュンペーターなどが大臣をつとめた。

だが、その後の天文学的インフレと一九二九年世界大恐慌によって、これもまた歴史上最悪のファシズム政権が登場した。

大量生産・大量消費・大量廃棄

重化学工業が成立してまもなく、第一次世界大戦が勃発し、科学・技術がさらに「発展」していったが、この大戦が終結すると資本主義は、いよいよ大量生産・大量消費の時代に突入した。重化学工業のプロセス・イノベーションがダイナミックに進展した。

アメリカでは、ベルトコンベア方式のT型フォードが大量生産されるようになった。少品種・大量生産によって、製品の製造コストが劇的に低下したので、自動車は、それまでのぜいたく品から、だれでも買うことのできる消費財となったからである。

自動車は、一九世紀末には実用化されていたが、製造コストが高く、だれでも手に入れられる代物ではなかった。シュンペーターは、鉄道の次のイノベーションは、自動車と電気であるといった（塩野谷祐一・中山伊知郎・東畑精一訳『経済発展の理論（上）』岩波文庫、二〇〇三年）。

電気と電気機械の開発がその後の資本主義の「発展」に巨大な影響をあたえたことはまぎれもない事実であるが、自動車というのは、電気の開発なくしては登場しえなかった。

電気は、自動車なしに開発されただろうが、自動車は、電気の開発がなされてはじめて登場することができた。エンジンである内燃機関を動かすのは電気であるし、自動車そのものも電気なしには機能しないからである。プロペラ飛行機など内燃機関を使用する製品はすべてそうである。

資本主義、とくに重化学工業の「発展」の過程において、自動車のはたす役割はきわめて大きい。ドイツでそうであったように、馬車とは体系が質的に異なる鉄道の普及は、鉄鋼業、石炭業、機械工業などをいちじるしく発展させた。

自動車も鉄鋼業、石油産業、機械工業などを発展させる役割をはたすという点では、鉄道とさほど変わらないようにみえる。線路と道路の違いくらいということもできるかもしれない。地理的な短縮すなわちマーケットの拡大によって、さらに資本主義が発展するということも同じだろう。

しかしながら、自動車生産が鉄道と決定的に違うところは、自動車産業がきわめて裾野の広い産業であるということ、潜在的な消費規模が巨大であるということである。

鉄道では、よほどの大金持ちでも、顧客が機関車や客車を買い取って、所有するということはないであろう。そもそも線路を買わなければならない。顧客は、あくまでも鉄道の利用者にすぎない。

ところが、自動車（乗用車）は、顧客が輸送の主体となる。鉄道での機関車や客車は、製造しても売却先はあくまでも輸送企業なのでおのずと購買力は限定されている。自動車（乗用車）は、顧客が輸送主体になるので、顧客の購買能力の範囲内に自動車価格がおさまれば、爆発的に売れるのはとうぜんである。

産業革命は、人間であればだれでも必要とする繊維製品の技術革新をすすめ、工業生産性をいちじるしく上昇させた。そのおかげで、繊維製品の価格が劇的に低下し、爆発的に売れることでダイナミックに経済が成長した。しかし、自動車が開発され、マーケットで販売されても、第一次世界大戦までその価格は、大多数の顧客の購買能力をはるかにこえていた。したがって、自動車は、あくまでも金持ちの道楽品にすぎなかったことであろう。

第一次世界大戦で科学・技術が飛躍的に「発展」するとともに、ベルトコンベア方式で大量生産するフォーディズムという企業経営・生産システムのプロセス・イノベーションの進行で、資本主義は、さらに高次の生産力水準に到達した。すさまじいコスト削減が可能となり、自動車は、だれでも買える大衆商品となったので、爆発的に売れた。

資本主義が大量生産・大量消費によって、さらに発展するようになったのは、そのおかげである。自動車は、とりわけ裾野の広い産業であって、鉄鋼業、石油、電機・機械、ゴム、ガラス、繊維などありとあらゆる産業を必要としている。しかも、自動車が大量に販売されるようになると、流通業だけでなく、自動車ローンや自動車保険など金融業も発展していった。

大量に生産して、大量に消費され、自動車企業は、自動車が爆発的に普及していけば、自動車企業の利潤も飛躍的に増大する。そうすれば、労働者の賃金の引き上げが可能となる。ただし、アメリカの自動車企業での賃金上昇は、生産拡張のために企業間の労働者引き抜き競争がはげしくなり、賃上げで労働者を確保しなければならなかったからである。

そのかぎりでは、労働者は、搾取され、収奪される対象から、個人消費の拡大により資本主義を発展させる主体、すなわち新「中産階級」に「格上げ」されることになった。

自動車企業が牽引役となって、多くの企業で賃金の引き上げがおこなわれた。おかげで、アメリカ資本主義は、旺盛な個人消費もあって、大量生産・大量消費という形で「理想的」に発展した。

しかし、大量消費によって発展する資本主義というのは、物的に豊かになることが「しあわせ」の大前提であるという人類からすれば、好ましいことであろうが、無駄を前提としてはじめて効率性が確保されるという資本主義の絶望的矛盾を、資源の無駄遣いと大量廃棄という形でさらに深刻化させることを意味している。

アメリカなど、人類のほんの一部ではあるものの、物的にいちじるしく豊かになる段階にいたったときに、すでに人類「滅亡」の危機がはじまっていたということができるかもしれない。

2　世界大恐慌とファシズム経済

（1）史上最悪の世界恐慌

一九二九年世界恐慌

世界大恐慌は、アメリカにおける一九二〇年代の株式やフロリダの土地投機など資産バブルの崩壊によって勃発したものであるが、それをこれまでの最悪の恐慌にしたのには、次のように、政府の経済政策の失敗によるところが大きい（林敏彦『大恐慌のアメリカ』岩波書店、一九八八年）。

第一に、第一次世界大戦での敗戦国ドイツにたいする賠償問題のほか、一九二五年にイギリスが旧平価で金本位制に復帰したことがあげられる。

フランスやイタリアは、自国通貨を切り下げた新平価で金本位制に復帰したので、一時的には、資金が国外に流出したものの、貿易収支は均衡した。ところが、イギリスは、国家の威信をしめすため旧平価で復帰した。ほんらいであれば、第一次世界大戦による国力の低下と貿易赤字という経済実態にあわせて切り下げるべきであった。

したがって、旧平価での金本位制復帰というのは、事実上の通貨の利上げとなるので、イギリスからアメリカに資金が逃避した。ヨーロッパ諸国は、アメリカへの金の流出を高金利のせいだとして、金利の引き下げを要請した。そこで、中央銀行である連邦準備制度は、金利の引き下げに踏み切った。

当時は、株式市場が過熱する一方で、景気は後退していたので、金利の引き下げによって、株式バブルがすすむ反面、景気の低迷が深刻化した。株式バブルによって、アメリカからヨーロッパへの資金の流れが押し止められることで、ヨーロッパはさらに資本不足におちいり、結局、一九三一年の金融危機にいたった。

第二に、一〇〇〇人もの経済学者が反対したにもかかわらず、アメリカ議会と大統領に無視された「スムート・ホーリー関税法」が制定されたことである。関税が引き上げられたので、アメリカへの輸出拡大によって経済復興をしようとしていたヨーロッパ諸国は、それができなくなってしまった。

この関税法は、多くの国の報復的関税引き上げをもたらした。イギリスは大英帝国内での特恵関税措置を強化した。アメリカの農業を保護するために制定された「スムート・ホーリー関税法」は、まったく役に立たず、大恐慌を世界に蔓延させる役割しかはたさなかった。

第三に、アメリカでは、大恐慌の最中に、国家財政の再建が経済全体の再生に優先するということで、均衡予算が策定されたことである。均衡予算が金融市場の信頼を回復し、経済再建の基本となるという考え方は根本的な誤りであった。

第四に、アメリカの中央銀行である連邦準備制度の金融政策の失敗である。一九二九年世界恐慌勃発当初こそ通貨供給量を増やしたが、三〇年三月には、債券などを銀行から購入して資金を供給する買いオペを中止した。三〇年秋には、銀行閉鎖がつづいたが、破綻銀行というのが、連邦準備制度非加盟の農村地帯の銀行が中心だったので積極的な支援をおこなわなかった。

一年以上も恐慌がつづくなかで、連邦準備制度は、政府証券買い入れ額の倍の規模で再割引残高を縮小するばかりか、金保有増加額の約三倍の規模で総信用量が縮小していたのに、これを放置した。

一九三一年初頭には、手持ちの債券などを銀行に売却して資金を吸収する売りオペすらおこない、六月にわずかな買いオペを実施したものの、大量の金流入にもかかわらず、連邦準備制度は、金をベースにした通貨供給の拡張をおこなわなかった。

九月にイギリスが金本位制から離脱すると、連邦準備制度は、金流出の防止のために、金利を二度にわたって引き上げ、恐慌をさらにはげしいものにした。しかも、三二年春まで、じつに一年以上にわたって通貨供給量の縮小を放置した。

連邦準備制度が買いオペによって、金融緩和に転換したのは、銀行業務と証券業務を分離した「グラス・スティーガル法」が成立し、議会からの圧力が強まった一九三三年春以降のことであった。

一九二九年世界大恐慌を契機として資本主義諸国は、それまでの金本位制から離脱して管理通貨制に移行した。この管理通貨制への移行によって、恐慌の現象形態も大きく変化した。

管理通貨制移行と預金保険制度

管理通貨制は、経済の大原則である等価交換を放棄したものである。価値を有する財・サービスと価値をもたない紙（金と兌換されない紙幣）とが交換されるというものだからである。

経済学の価値観の大転換により、インフレ政策の遂行が可能となったことで、不況期に金融緩和が可能となるとともに、不況になっても物価が下落しなくなった。とくに、機動的な金融政策ができるようになったことが大きく影響している。

アメリカで勃発した大恐慌では、金本位制下にあったため、金利の引き上げをおこなわざるをえなかったので、かえって中央銀行が恐慌を激化させてしまった。大恐慌の真っ只中で金利の引き上げをおこなったのだから、恐慌がますます激化することはあきらかである（侘美光彦『「大恐慌型」不況』講談社、一九九八年）。

金本位制から離脱すれば、金流出など生じないので、それを止めるために金利の引き上げをおこなう必要はなくなる。景気が低迷すれば、躊躇なく金利を引き下げて、景気にたいするテコ入れをおこなうことができるので、金融政策の側面から恐慌におちいることを阻止できるようになった。

これは、管理通貨制への移行が大きなメルクマールである現代資本主義のきわめて重要な特徴である。一九二九年世界恐慌を契機にして、ケインズ政策が採用されることで、経済運営の価値観がかわり、管理通貨制への移行で資本主義は金の「呪縛」と恐慌から解放されるとともに、アメリカで預金保険制度が導入されることで、銀行への取り付けが殺到して銀行が連鎖的に倒産する銀行（金融）恐慌からも離脱することができた。

預金保険制度というのは、銀行が倒産したばあいに、預金保険によって一定額までの預金が保証されるというものである。預金というのは、銀行にとっての負債なので、銀行が倒産しても、支払い能力がなければ、預金が払い戻されることはない。そうすると、金融危機時に預金を取り戻そうとして危ない銀行に預金者が殺到する。これが取り付け（バンクラン）である。

預金保険で預金が保護されていれば、たとえ銀行が倒産しても預金者は安心していられる。もちろん、預金保険の保有支払い保険金には限度があり、預金の保証限度額は、たとえば日本で一〇〇〇万円である（ペイオフといわれる）。この制度によって、銀行が連鎖的に倒産して、銀行（金融）恐慌にみまわれるということがなくなった。

管理通貨制に移行し、預金保険制度が導入されることにより、資本主義の諸矛盾の暴力的な解決手段である恐慌や金融恐慌の爆発を回避できるようになった。

（2）ナチス・ドイツの政権奪取

ナチス・ドイツの台頭

一九二九年に資本主義国は、これまでで最悪・最強・最大の世界大恐慌におそわれた。失業者が街にあふれた。大恐慌の克服のために、アメリカでは、ニューディール政策がとられ、ドイツでは、ナチス（Nazis－国家社会主義ドイツ労働者党）が台頭し、軍備の拡張・戦争経済の構築による経済成長がはかられた。

第一次世界大戦でドイツは敗北したが、誇り高きドイツ人は、すさまじい賠償の支払いをもとめられるなど、そのプライドをズタズタにされた。フランスなどに膨大な賠償支払いをもとめられたが、賠償支払いが滞ると、支払い履行のために、フランス軍にルール地方を占領されるという屈辱までたえなければならなかった。

そうこうするうちに、世界大恐慌は、ドイツをとりわけはげしくおそった。大恐慌は、資本主義世界において勃発したが、「社会主義」体制下のソ連がみまわれることはなかった。このときだけは、「社会主義」の優位性が宣伝された。

ドイツでの失業率は四〇％を超え、じつに二人に一人が失業するという深刻な事態におちいった。札幌より緯度の高いドイツで、失業して収入がなく暖房代が払えないということは、厳冬期には、生存すらできないということを意味した。

こうしたなかで、ドイツ民族の誇りを取り戻せ、「ヴェルサイユ条約を破棄せよ」、「国民に職とパンを」とさけぶアドルフ・ヒトラーに、ドイツのひとびとは一縷の「のぞみ」を託さざるをえなかった。ひとびとは、たとえその主張が胡散くさくても、試しにやらせてみよう、ということになってしまったのであろう。ひとびとは、生命の危険すら感じていたのである。

近代市民社会における国家は、人民（国民）の生命・安全・財産を守ることを、人民と契約しているとかんがえられてきた。当時のドイツ国家は、この契約にあきらかに違反していたので、ヒトラーによる政権奪取は、「人民」による「政権の転覆」といえるかもしれない。

ただし、世界史の悲劇は、ナチスが合法的に政権を奪取した一九三三年一月というのは、ドイツにおける大恐慌が底入れした時期とピタリと一致していたことである。大恐慌が底入れしたのであれば、そのまま政権がつづいたとしても、景気は回復基調をしめしたはずである。

政権を奪取するとただちにヒトラーは、景気回復をひとびとに実感させなければならなかったので、失業中の主婦を家庭に帰して、失業統計上の失業者にカウントさせないということまでおこなった。統計の操作である。

公共投資としての高速道路（アウトバーン）網の建設、ポルシェに命じてフォルクスワーゲンのカブトムシを設計させ、国民に安価で性能のよい車をあたえようとした。もちろん、アウトバーンを建設したのは、瞬時の軍事行動を可能にするための道路網の整備、すなわち戦争目的のためであった。

ただし、カブトムシとても、庶民がアウトバーンを乗り回すことができるようになったのは戦後のことであり、戦前・戦時中はほとんど庶民に提供されなかった。

このようにして、大恐慌「克服」に成功したヒトラー政権にたいする批判は消え去った。もちろん、それは、反対政党の弾圧、国民の言論統制などによるものであったが、ほとんどのドイツ人が、ナチスを消極的に「支持」したこともまた一面では事実である。

一方、アメリカでは、ニューディール政策が採用されたものの、景気回復があまりすすまず、一九三七年にはまた恐慌にみまわれた。したがって、大恐慌の克服というのは、なおさらヒトラーの手柄と受け取られたのであろう。ヒトラーは、こうした幻想をひとびとにいだかせて、世界戦争に突き進んだ。じつは、当初、西側資本主義国は、ナチス・ドイツの反「社会主義」的姿勢を利用した。

ヒトラーの政権への道

ここで、第一次世界大戦後の一九一九年に制定され、歴史上でもっとも民主主義的といわれた「ワイマール憲法」が、ヒトラーによってどのように形骸化されていったのかということをみてみよう。

この憲法の特徴は、完全比例代表制と国民投票などの直接民主制を採用していたことにあった。完全比例代表制を採用すると、小選挙区制と違って、数パーセントの得票でも議席を獲得することができる。国民の声や意見を正確に反映させるという点では、きわめてすぐれた制度である。だが、ヒトラーは、この制度を悪用した。

完全比例代表制のおかげで、得票率が低くても、ヒトラーは国会に議席を獲得することができた。そうするうちに、たくみな演説で、世界大恐慌のもとで苦しめられる国民の支持を集めていった。

かくして、ナチスは、一九三二年七月の総選挙で得票率三七％を獲得して第一党となり、三三年一月には、大統領によってヒトラーはついに首相に任命された。ナチスが議会で過半数の議席を占めなかったが、大統領が首相の指名権を有していたからである。大統領がヒトラーを首相に指名さえしなければ、世界史の悲劇はおこらなかったかもしれない。

ヒトラーは首相に指名されるや、ただちに、国会を解散し、一九三三年三月に総選挙がおこなわれることになった。ちょうど総選挙直前の二月に国会放火事件が発生すると共産党員が犯人だとして、共産党員を大量に逮捕するとともに、弾圧を強めた。ところが、これは完全なでっちあげであった。大学院当時に聞いたドイツ史研究者の講義によれば、どうも変質者の仕業だったようである。それをヒトラーがたくみに利用したのである。

党員の大量逮捕で、共産党は、総選挙で議席を減らした。それでも、この総選挙でのナチスの得票率は四三％にすぎなかった。完全比例代表制なので、ほんらいであれば、得票率が五〇％超でなければ、政権を担えないはずである。ナチスは、過半数に届かなかったので、今度は、なんと当選した共産党議員の議席まで剝奪してしまった。こうして、ヒトラーは、ついに五六六議席のうち過半数の二八八議席を獲得した。

さっそく、ヒトラーは、立法権、予算の編成・執行権などを国会から政府に移す「全権委任法案」を提出した。

この法案は、事実上の「憲法」修正案だったので、全国会議員の三分の二以上の出席のもとで、三分の二以上の賛成が必要であった。ところがナチスがえた賛成は過半数すれすれである。そこで、共産党議員だけではあきたらず、ナチスに反対する社会民主党議員までも逮捕して、なんと三分の二以上の賛成を確保してしまった。

民主主義的な「憲法」のもとで、このような無茶なことが可能だったのは、「ワイマール憲法」第四八条で国家緊急事態条項がさだめられていたからである。もちろん、同条項で制限されるのは、言論、出版、集会など七つの人権であったが、ヒトラーは、非常事態だとして、この条項を悪用して、制限することができる権利を拡大していった。

歴史は、国家緊急事態条項の制定と運用というのは、慎重のうえにも慎重におこなわなければならないということを教えている。戦後のドイツで、「基本法（憲法）」の緊急事態条項について、詳細に規定され、運用がきびしく制限されているのはそのためである。

このように、ヒトラーは、ドイツ全体が騒然とするなかで、「ワイマール憲法」を形骸化させる「全権委任法」を成立させたのである。

第二次世界大戦の勃発

一九二九年世界恐慌への対策として、アメリカでは、ニューディール政策という公共投資が実施された。だが、この政策が成功することはなかった。もちろん、ある程度は、恐慌の痛手から資本主義経済システムを救うことに役立ったであろうが、本格的に経済が回復するのは、第二次世界大戦に突入してからのことだからである。

アメリカでは、一九三七年にも恐慌にみまわれたが、ドイツでは、そのようなことはなかった。したがって、ドイツと同じように、大恐慌の痛手から完全に回復するには、やはり戦争に突き進むしかなかった。すなわち、資本主義が自律的に経済成長する時代が完全に終結し、資本主義は、国家の経済への介入によってしか科学・技術の開発も、経済成長もできなくなってしまったということである。

一九三九年九月のドイツ軍によるポーランド侵攻で第二次世界大戦がはじまっても、アメリカは参戦しなかった。当初は、ナチス・ドイツが、破竹の勢いでヨーロッパ戦線を拡大したのに、イギリスからアメリカにさいさいの参戦の催促があっても、アメリカは参戦しなかった。

アメリカの世論は、どうしてよその国の戦争に参戦して、アメリカの若者が血を流さなければならないか、というものだったからである。とうぜんのことである。アメリカは、大戦への参戦の大義名分と国民を納得させる方法を必死にもとめていた。

そうこうするうちに、アメリカの経済封鎖などで窮地におちいっていた日本が、一九四一年一二月に真珠湾攻撃をおこなった。ところが、日本大使館による暗号解読がおくれ、アメリカ政府への宣戦布告がおこなわれたころには、日本海軍は、真珠湾ですでに攻撃を開始していた。宣戦布告なき戦闘行為は、国際法違反であろう。

とうぜんのことながら、アメリカ国民はだまし討ちだと激怒した。「リメンバー・パールハーバー」がアメリカ国民の合言葉になり、ついにアメリカは、第二次世界大戦に参戦することができた。不幸なことであるが、こうして、アメリカは、世界大恐慌を「克服」することができた。

唯一、戦場にならなかったアメリカは、連合国の「生産工場」となり、重化学工業がとことんまで発展した。第二次世界大戦後のハイテク産業の萌芽も生み出された。

アメリカの暗号解読能力は世界一流で、日本軍の暗号はほとんど解読されていたという。どうして、暗号解読ができたかというとコンピュータが開発され、使用可能であったからである。大砲を撃つときの弾道計算にも、コンピュータは不可欠であった。レーダーも開発され実戦配備されていたので、日本海軍の行動は、アメリカ軍がすべて掌握していた。

核兵器も短期間で開発され、広島、長崎で実戦使用された。これは、人類史上最高の科学者であるアインシュタインなど科学者の進言によるものであった。

ヒトラーの核開発を危惧していたアインシュタインなどの物理学者は、アメリカ大統領ルーズベルトに、核兵器開発を急ぐことを進言した。ルーズベルトは、ヒトラーが核兵器をほとんど開発していないという確度の高い情報を入手していたにもかかわらず、物理学者の進言を受け入れるとして、核開発に国家の総力をあげて取り組むことを決定した。

アメリカは、膨大な人材と資金を湯水のように投入して、核開発をおこなったので、あっというまに核兵器が完成した。悲しいことに、戦争が科学・技術を飛躍的に「発展」させるという典型的な事例であった。

兵器は、実験をおこなったとしても、実戦使用しなければ、その性能の検証ができない。核兵器が広島、長崎に投下されたのはそのためであろう。かならずしも、戦争を早く終わらせるためだということではない。したがって、日本が敗北したら、最初に調査にはいった場所が、広島と長崎だったのであろう。その後も原爆被災者の医療情報を収集した。

負けつづけていた日本がもっと早く降伏していれば、インパール作戦でのみじめな失敗も、東京大空襲も、広島・長崎の悲劇も回避されたことであろう。軍部や政治家が、開戦の責任を回避しつづけたので、降伏が遅れたのである。

3 戦争・戦後責任と過去の克服

(1) 戦争責任と戦後責任

戦争責任論の基本的枠組み

ドイツでの国民による戦争責任の議論の基本的枠組みをつくったのは、実存主義の哲学者・精神医学者として知られるカール・ヤスパースであるといわれている(仲正昌樹『日本とドイツ　二つの戦後思想』光文社新書、二〇〇五年)。

ヤスパースの妻はユダヤ人であったが、ナチスによる離婚強制を拒否したので、かれは、一九三七年にハイデルベルグ大学の哲学正教授の地位をおわれ、敗戦まで沈黙を強いられた。戦後、一九四六年にハイデルベルグ大学でおこなった「贖罪問題について」という講演で、国民の戦争責任の議論の基本的枠組みについて語っている。

ヤスパースの議論の大前提は、各個人が自分の罪について主体的にかんがえるべきだというものである。そのため、各人が負っている可能性のある「罪」の内容をはっきりさせるべく、①刑法上の罪、②政治上の罪、③道徳上の罪、④形而上学的な罪、という四つの罪概念を提示している。

四つの罪

この四つの罪の内容というのは、次のようなものである。

①刑法上の罪は、違法行為としての罪であり、とうぜん、きわめて個人的な性質のものである。ニュルンベルグ戦争裁判で裁かれたのはこの罪である。

②政治上の罪は、みずからが所属している政治的な共同体が、なんらかの過ちを犯したばあい、その誤った政策を直接的あるいは間接的に支持したことに帰結するものである。

③道徳上の罪は、法や政治という公共の場で追及されることはないが、みずからの内面において、良心の呵責を感じさせるような行為に対応するものである。

④形而上学的な罪というのは、かなり抽象的な表現である。たとえば、ユダヤ人が集団的な迫害をうけていることを一個人として知って、たとえ自分の命を投げ出してまで救おうとしたとしても、ほとんどのばあい、なんら事態を変えることはできなかったであろう。

国家権力の前には、個人はあまりにも無力である。たとえそうだとしても、罪もないひとびとが殺害されるのを目の当たりにすると、ひとはときとして、かれらに死がおとずれたのにたいして、自分たちは生にとどまっていること、なにもできなかったことにたいして、〝同じ人間〟として、同胞として後ろめたさを感じることがある。これが形而上学的な罪だというのである。

ヤスパースの議論は、法や政治の部面で公式的に取り上げて処罰することが可能な①②の罪と、自分自身でどこまでも追及しつづけるしかない③④の罪をわけてかんがえることによって、具体的な〝解決〟を提示すること、個人がみずからの良心のうちで自問しつづけることを両立可能とするものであった。

ヤスパースは、非常に重要なことは、戦争犯罪の責任者を処罰するとか、被害者に補償することと、みずからも負っている罪について道徳的・宗教的に内省することとは、別のことだといっているのである。

侵略戦争とホロコーストへの謝罪

第二次世界大戦後のドイツ経済をみるばあい、大戦期におけるヨーロッパ諸国・ソ連・アフリカ諸国への侵略戦争という平和に対する罪、戦争犯罪、ナチス（や国防軍）によるユダヤ人の大量虐殺（ホロコースト）など人道に対する罪について、どのように戦争責任・戦後責任をとり過去の克服をおこなってきたか、があきらかにされなければならない。

戦争責任・戦後責任をきっちりとはたすことによって、ドイツ連邦共和国（再統一前の西ドイツ）が西ヨーロッパに受け入れられてヨーロッパの統合に参加し、西側の一員として戦後の経済成長が可能となったはずだからである。

日本では、一般に、戦後の西ドイツは、戦争犯罪にたいしてはもちろんのこと、ヨーロッパ諸国・ソ連・アフリカ諸国への侵略、ホロコーストという人道に対する罪にきっちりと謝罪して戦争責任をとり、戦後補償も十分におこなうことで戦後責任もはたし、過去の克服をしてきたといわれている。

その一環として、戦後、ドイツは「基本法」でナチスの復活を禁止した。ただし、ドサクサにまぎれて共産党の活動も禁止したことは大問題であるが。

実際には、そうなってはいないが、ナチスの人道に対する罪を否定するとか、侵略戦争を肯定するような発言をする政治家は皆無であるといわれている。学校の教科書では、ナチスによるホロコーストについて、スペースをとって教えている。だから、ドイツという国は、みごとに過去の克服をおこなった

「立派」な国だといわれることが多い。

それにひきかえ、日本は、侵略戦争への謝罪が不十分であり、侵略戦争を肯定するばかりか、南京大虐殺などなかったとか、アジア諸国の多くは、日本のおかげで欧米列強の植民地支配から解放されたではないか、という発言までする政治家があとをたたない。

日本は、ドイツとくらべて、戦争責任もとれず、戦後責任をはたして過去を克服することもできないどうしようもない国だといわれることが多い。

日本では、侵略戦争を肯定するような歴史教科書がいつも問題になっている。ドイツであれば、ナチスによるホロコーストという歴史の事実を教えている。ただ、もしも、そうしなければ、(旧)西ドイツが西ヨーロッパで生きていけなかったからでもある。

二〇一七年二月には、なんと総理大臣夫人が、教育勅語を暗唱させるとか、運動会で軍歌を唄わせるような時代錯誤の幼稚園の名誉園長に就任していたことがあかるみに出た。日本は、過去の克服が十分ではない、といわれるのもとうぜんのことかもしれない。

謝罪の内実とは

日本で、「ドイツの過去の清算はトリックによる表面的なものであった」(木佐芳男『〈戦争責任〉とは何か』中公新書、二〇〇一年)として、ドイツの戦争責任のとり方に疑問を投げかける論調はけっして少なくない。

ドイツは、真摯に戦争責任を自覚し、きっちりと戦後責任・戦後責任をとり過去の克服をおこなってきた「立派」な国だが、日本国民は、東アジア諸国への侵略戦争を反省もしないとんでもないひとびとだというのは、けっして事実ではない。

とうぜんのことかもしれないが、ドイツのなかにも、侵略戦争やホロコーストに謝罪しつづけることに抵抗するひとびとが、少なくない。日本流にいえば、「自虐史観」では、民族の誇りが失われてしまうからであろう。園児に教育勅語を暗唱させ、軍歌を唄わせるような幼稚園が登場するのも、そうした背景があるのかもしれない。

それでも、日本と比べるとドイツは、ある程度は戦争責任・戦後責任をはたし、過去の克服をしているといわれている。しかし、ドイツには、そうしなければならない経済的理由があった。ドイツ帝国の東側（オーデルナイセ）がドイツ民主共和国（東ドイツ）として「社会主義国」化した以上、西ドイツは、西ヨーロッパの統合に組み込まれなければ、生き延びていけなかったという、戦後の特殊事情である。

日本の戦後責任の取り方は、「憲法」九条と「独禁法」九条制定（財閥の復活禁止）、農地改革など徹底的な民主化であった。一方、ドイツのそれは、ヨーロッパの統合に参加するために、いわば政治・軍事「主権」を放棄することであった。

日本は、アメリカを中心とする占領軍による事実上の「強制力」によって、それを断行できたのであるが、分割国家西ドイツは、そうしなければ、西ヨーロッパにおいて、生き延びていくことができなかったので、より深刻であった。

西ドイツは、建前上とはいえ、ホロコーストという人道に対する罪への徹底的な謝罪と補償をしなければ、西ヨーロッパは受け入れてくれなかった。

敗戦当初、ドイツ国民は、ホロコーストはヒトラーをはじめとするナチス親衛隊の仕業であって、何も知らなかったとシラを切り通そうとした。ところが、学校では、ホロコーストを教えていたので、家庭で親が子供にシラを切り通すことは、むずかしいことであった。

ところが、西ドイツは、ヨーロッパ諸国・ソ連・アフリカ諸国への、国家としての侵略戦争への真摯な謝罪をしたことはないといっても過言ではない。

それが可能なのは、ホロコーストばかりか、第二次世界大戦におけるドイツの侵略戦争の全責任を、ヒトラーという「狂人」一人に押し付けてきたからである。

西ヨーロッパに受け入れてもらわなければならない西ドイツでは、こうした論理を一貫させるためには、けっしてナチスを復活させてはならなかった。「基本法」でナチスの復活を禁止したのはそのためである。

繰り返しになるが、侵略戦争とナチスによるユダヤ人大虐殺の全責任を、敗戦直前に自殺したヒトラーただ一人にとらせて、ほとんどすべてのドイツ国民がヒトラーにかわって謝罪しつづけている。これが事態の本質である。じつは、そのことによって、結果的に、ドイツ国民のホロコーストへの「間接的」な加担とドイツ国防軍の侵略戦争に対する罪のほとんどが「免罪」されてしまった。

東ドイツはといえば、ホロコーストも侵略戦争もヒトラーはじめ支配階級の仕業であって、労働者は、搾取・収奪される階級であったという立場をとった。そうすると、労働者国家として成立した「社会主義国」東ドイツは、戦争責任も戦後責任もとる必要はないとして、ヒトラーにかわって謝罪すらしなかった。

（2）過去の克服

過去の克服と戦争犯罪

ドイツにおいて戦争責任をとるというばあい、過去の克服という言葉が使われるが、これは、ドイツ語のVergangenheitsbewaltigungの直訳である。

それは、ドイツは、ナチスによって被害を受けたひとびとへの補償を戦後はやくからおこなってきたが、戦時中の非人道的行為にたいする責任とその償いをしっかりとおこなうということを意味する言葉である（望月幸男「『戦争責任・戦後責任』問題の水域」粟屋憲太郎他『戦争責任・戦後責任』朝日新聞社、一九九四年）。

過去の克服というのは、たんに戦争犯罪を謝罪し、補償するというものではない。

戦争遂行にともなう捕虜虐待、住宅地への無差別爆撃、病院船や民間船舶への攻撃などが、ほんらいの国際法上の戦争犯罪である。

これ以外の行為というのは、厳密には、国際法上のいわゆる戦争犯罪ではない。したがって、あくまでも、そのかぎりにおいて、ナチスによるホロコーストというのは、殺人や虐待という犯罪ではあるが、それまでの国際法では、狭義の戦争犯罪ではなかった。

ドイツにおいて戦争責任・戦後責任をはたすことによる過去の克服という言葉が使われるようになったのは、それが、第二次世界大戦中の戦争犯罪を謝罪し、補償するという次元にとどまるものではなかったからである。

ヒトラーによるユダヤ人問題の「最終解決」は、まさに戦争犯罪などというものではなく、特殊な体制の犯罪、ファシズム体制の犯罪、ある種の文明の破壊である。というのは、まさに、普通にかんがえられる戦争犯罪の、いわば終わったところからはじまっている犯罪だからである（同書）。

人道に対する罪と平和に対する罪

国際法では、アメリカによる広島と長崎への原子爆弾の投下、東京大空襲など、アメリカをはじめとする連合軍によるベルリン大空襲やドレスデン大空襲などは戦争犯罪である。

もし、第二次世界大戦後に中立的な国際機関による国際軍事裁判が開廷されていたとすれば、アメリカの戦争犯罪が裁かれ、アメリカなどの連合国とて無傷ではいられなかったはずである。東京裁判でインド出身の判事などは、そのことを主張したという。

原爆の投下が日本の降伏をはやめ、本土決戦による膨大な犠牲者が出ることを回避できたというのは、あくまでも「言い訳」にすぎない。

ドイツで開廷されたニュルンベルグ裁判も、日本での東京裁判も、勝者が敗者を一方的に裁くものであった。ファシズムの圧政から世界を解放し、大戦で勝利したアメリカが、戦争犯罪に問われることなどありえないことであった。

それまでの国際法では、侵略戦争をしかけたとしても、ホロコーストを実行しても戦争犯罪ではなかった。そのために、敗戦国ドイツと日本を一方的に裁くための、あらたな国際法が必要となった。

かくして、一九四五年八月に「ロンドン憲章」が、米英仏ソ戦勝国によって合意された。「憲章」六条で、戦争犯罪の対象が拡張され、（A）平和に対する罪、（B）通例の戦争犯罪、（C）人道に対する罪、の三つに分類された。

ここで、はじめて、国際法に平和に対する罪と人道に対する罪が新設されたのである。

前者は、侵略戦争や違法な戦争の計画、準備、開始、遂行、共同謀議への参加などであり、後者は、戦前・戦時中の殺人、殲滅、奴隷的虐使、追放などの非人道的行為、政治的ないしは宗教的、人種的理由にもとづく迫害行為などである。

(3) 戦後責任

戦後補償　第二次世界大戦を遂行したドイツ帝国は、敗戦によって米英仏ソによって分割占領下におかれ、一九四九年に東西ドイツに分裂して消滅したので、西ドイツは、東西ドイツが統一され、連合国との平和条約が締結されるまで、ドイツの国家賠償問題の繰り延べをもとめた。一九五二年五月に、占領の終結にさいしてアメリカ、イギリス、フランスと西ドイツの間で締結された「移管条約」によって、米英仏三ヵ国は国家賠償の延期に合意した。

その後、一九五三年二月に、ドイツにたいする債権国二〇ヵ国とドイツの間で「ロンドン債務協定」が調印された。この協定によって、ドイツの国家賠償が延期された。

ソ連の占領下におかれた東ドイツは、ソ連から苛酷な賠償の取り立てがおこなわれ、たとえば、複線の線路の片一方だけでなく、単線ももっていかれたので列車が走れなくなったところもあったという。ソ連占領地域が東ドイツとして「社会主義」国となった後、一九五三年八月に賠償免除の取り決めがおこなわれた。

近隣諸国のほとんども賠償請求を放棄した。したがって、平和に対する罪を犯したドイツへの国家賠償請求をおこなった国はないし、ドイツも国家賠償をおこなってこなかったということになる。

それは、第一次世界大戦での敗戦国ドイツへの苛酷な賠償負担が、ヒトラーの台頭とナチズムを生み出したこと、第二次世界大戦後まもなく冷戦がはじまり、アメリカもソ連もそれぞれの陣営に属する西ドイツ・東ドイツを経済的に強化し、体制間対抗の「防波堤」にしようとしたからである。

したがって、ナチス党員のほとんどは、「免罪」され、西ドイツ政府や裁判所などの要職についた。もっとも、そうしなければ、国家の運営ができなかったからである。

戦後のドイツがおこなったおもな戦後補償というのは、ヒトラーとナチスによって迫害されたユダヤ人犠牲者にたいする補償である。

非ナチ化

第二次世界大戦後、非ナチ化の徹底を内外にしめすために、ナチズムを禁止する条項が「基本法（憲法）」第二一条に盛り込まれた。すなわち、「政党のうちで、その目的又はその支持者の行動により、自由で民主的な基本秩序を侵害若しくは除去し、又はドイツ連邦共和国の存立を危うくすることをめざしているものは、違憲である」と規定された。

このように、ナチズムが「基本法」で禁止されたのである。

しかしながら、ナチスの流れをくむ社会主義帝国党などが禁止されるのはとうぜんとしても、ドイツ共産党も違憲とされ禁止された。さらに、公務員の採用にあたって、思想調査をおこなうことも「基本法」では許された。ナチズムを禁止する規定であるはずなのに、政府に敵対する勢力を押さえ込む手段としても使われた。

ナチスの戦争犯罪人を永久に訴追するために、一九七九年七月に広義の戦争犯罪にたいする時効が廃止された。ドイツでは、それまでも、しばしば時効期間が延長されてきた。ドイツにおける殺人罪の時効は二〇年であったので、時効の起点を敗戦時の四五年五月八日とすると、六五年に時効が成立する。

そこで、一九六五年に法改正がおこなわれ、六九年まで時効成立が延長された。時効の起点を西ドイツが成立した四九年五月とするためであった。六九年にはさらに一〇年延長され、七九年にはついに時効が廃止された（粟屋憲太郎ほか、前掲書）。

このようにドイツにおいて戦後、非ナチ化がおこなわれた。ドイツは、ナチズムへの反省から政治的迫害を受けた難民の受け入れを積極的におこなってきた。

ナチズムへの反省は、国旗と国歌にもあらわれている。

ドイツでは、ワイマール時代に「黒赤金」の三色旗が国旗とさだめられたが、ヒトラーは一九三五年に「帝国国旗法」を制定して「カギ十字旗」を国旗と定めた。

戦後の西ドイツは、「基本法（憲法）」二二条二項（高橋和之編『世界憲法集』岩波文庫、二〇一二年）で「連邦国旗は、黒・赤・金である」とさだめて、ワイマール時代の国旗を復活させた。さすがに、ヒトラーが制定した「カギ十字旗」は廃止され、国旗の非ナチ化が断行された。

国旗と国歌

ドイツの国歌は、一八四一年にドイツ文学者のファラースレーベン教授が作詞したもので、ハイドンがオーストリア皇帝に献上した曲が使われている。「ドイツの歌」というのが題名である。

一番の歌詞「ドイッチェランド　ユーバー　アレス」というのは、ドイツ統一以前の、ばらばらな領邦国家（プロイセンやバイエルンのほか三〇くらいの邦で構成されていた）の小さな利害を越えて、大ドイツを作り上げようではないかという意味で、日本語に訳せば、「何よりもドイツ」とか「領邦国家にまさるドイツ」となる。

「ドイツの歌」は、ワイマール共和国時代の一九二二年に正式に国歌となった。ヒトラーは、ワイマール時代を全否定したものの、なぜか、この国歌だけはそのまま引き継いだ。それは、ヒトラーが、「ドイッチェランド　ユーバー　アレス」を「世界に冠たるドイツ」という意味に解釈を変更すれば、第三帝国を作り上げようとする野望に、みごとに一致したからである。

したがって、戦後、ドイツを分割占領した連合国は、この「ドイツの歌」を国家として唄いつづけることを禁止した。西ドイツが成立すると、政府は、あたらしい国歌の制定をおこなおうとした。ところが、世論調査をおこなったところ、四分の三もの国民が「ドイツの歌」を国家として支持するという結果が出た。そこで、一九五二年に「ドイツの歌」が西ドイツの正式の国歌となった。ただし、「ドイツの歌」の歌詞のなかには、「世界に冠たるドイツ」のほかに、戦後、ドイツの領土ではなくなった地域もはいっていたので、該当する一番と二番は歌われないことになった。公式には、「祖国ドイツのための、統一と権利、そして自由」という三番だけが唄われている。

（4）不十分な「過去の克服」

不十分な非ナチ化

戦後、ナチズムによるユダヤ人の迫害・大虐殺に関与するとか、協力した者がきびしく処罰され、「過去の克服」のために西ドイツにおいて徹底的な非ナチ化が実行されたといわれている。しかし、それはかなり不十分なものであった。

非ナチ化の過程でおこなわれた公職追放は、ナチス党員であったか、またどの程度の役職についていたかが判断の基準とされた。公式にナチスと非ナチスの区別が申告制によるアンケート方式でおこなわれたが、ナチスではなかったとみとめられたひとには「非ナチ証明書」が発行され、社会に復帰することができた。

ただし、この証明書はかんたんに取得することができたので、別名「ペルジール証明書」ともよばれた。ペルジールというのは当時の有名な洗剤の名前で、この証明書は、ヒトラー時代の前歴をきれいさっぱり洗い流す役割をはたしたというわけである。

戦後西ドイツの非ナチ化というのが、いかになおざりなものであったかがわかる。

ナチス党員あるいはナチス協力者でありながら、復職した公務員は一五万人にものぼるともいわれている。ユダヤ人を迫害する法律の制定にかかわったひとびと、その法律にもとづいて判決をくだした法律家、旧国防軍の軍人もその多くが罰せられることはなかった。
こうして、社会復帰したナチス党員は、公務員・非公務員をあわせて数百万人にものぼるといわれている。

非ナチ化は、ドイツが戦争責任をはたすことによる過去の克服の重要な構成部分であったが、「基本法（憲法）」にもナチズムによるユダヤ人抑圧・迫害を反省する条項が盛り込まれた。

政治難民の受け入れ制限

すなわち、ドイツの「基本法」は、第一条で「人間の尊厳は不可侵である」として個人の尊厳を保障し、一六a条で「政治的に迫害された者は、庇護権を享有する」とさだめている（同書）。

ドイツは、政治的に迫害された難民を積極的に受け入れるという形で戦後責任をはたしてきた。「基本法」にもとづいて、政治的迫害を受けていると認定されれば、ドイツは、当該外国人を庇護権があるものとして受け入れる義務がある。ドイツは、民族的・人種的偏見にとらわれず人間の尊厳を守ると「基本法」で宣言したのである。

庇護希望者は、一九七〇年代前半まで一万人以下であったが、冷戦の崩壊とともに増加し、八五年に約七万人、九〇年に約一九万人、九二年に約四〇万人と増加した。

ドイツで難民流入が増え続けるのは、「基本法」の規定があるからだということになり、一九九三年六月に「基本法」の改正がおこなわれた。この改正により、迫害のない国や安全な第三国を経由してドイツに入国した亡命希望者は庇護権を失うことになった。ドイツの隣国がすべて安全な第三国とされているので、この改正によってドイツの政治難民の受け入れが大幅に制限されることになったはずであった。

第二章　冷戦体制と欧州統合の進展

第二次世界大戦が終結すると東欧諸国はのきなみ「社会主義」化した。「社会主義」はそれまでのソ連一国から、東欧諸国、中国、北朝鮮、北ベトナム、キューバと広がり、体制として成立し、ここに米ソ冷戦体制が成立した。

冷戦体制に移行することによって、資本主義の敵として超大国ソビエト社会主義共和国連邦（ソ連）が登場したので、帝国主義戦争は「後景」に退くことになった。資本主義は、「社会主義」に侵食されないように、結束していかなければならなくなったからである。

資本主義体制維持のための盟主となったアメリカは、ソ連との軍拡競争に勝利しなければならなかった。そのため、アメリカは、軍事産業に特化し、最先端の科学・技術開発に専念したため、従来型産業は、もっぱら日本と西ドイツが担うことになった。ここに、「体制維持国際分業」ともいうべきものが構築された。

第二次世界大戦で敗北したドイツやイタリアばかりか、勝利したはずのイギリスやフランスも経済的な疲弊にはすさまじいものがあった。したがって、ヨーロッパ諸国は、それまでのいがみ合いから、アメリカばかりかヨーロッパが、協調して「社会主義」体制に対抗していかなければならなかった。

平和でほんとうに豊かなヨーロッパを構築するために、大戦が終結するとフランスなどから地域統合に向けたプランが提唱された。

その根底にあるのは、冷戦下で資本主義国ドイツ連邦共和国（西ドイツ）を、西ヨーロッパの「管轄」下におかなければならないという信念であった。欧州統合が、軍事の根幹にかかわる鉄鋼と石炭の生産を共同管理下におこうとしたことからはじまったのはそのためであった。

ヨーロッパを戦禍から守るために、西ドイツの経済・軍事力を削ぎ、西ヨーロッパの統合に封じ込めておこうとするのが、フランスなどの考え方であった。西ドイツとしても、ドイツ民主共和国（東ドイツ）が「社会主義」に離脱したことで、東欧市場と農業地帯を失い、フランスの野望に加担するしか選択肢はなかった。

しかも、ナチスによる侵略戦争ばかりか、ユダヤ人にたいする「ホロコースト」という世界史的な人道に対する罪を、戦後の西ドイツが償わなければならないという重い「十字架」を背負わされた。したがって、戦後の西ドイツは、政治的・軍事的には跳ね上がらず、フランスなど西欧諸国の従順な「しもべ」を演出し、みずからは経済的果実の獲得に特化する「屈辱的」な地位に甘んじるしかなかった。

それはまた、西ドイツの悲願であった東西ドイツ再統一のためには、大戦直後のドイツの占領支配に参加したフランスの承認が必要であり、フランスに逆らうことができなかったということでもあった。

こうして、第二次世界大戦が終結すると、西ドイツとフランスを中軸とする欧州統合が急速に進展することになった。当初、イギリスは、地域統合に参加する気もなかったことから蚊帳の外におかれた。

1　米ソ冷戦体制への移行

(1) 冷戦体制の成立

ヒトラーによる独ソ戦

一九三九年八月にヒトラーは独ソ不可侵条約を締結して、九月一日にドイツ軍が宣戦布告なしにポーランドに侵攻したので、三日にフランスとイギリスがドイツに宣戦布告をして、第二次世界大戦が勃発した。一五〇〇機の空軍、七五個師団で構成されたドイツ軍は、八日には首都ワルシャワに突入して、わずか二週間でポーランドの半分を占領した。一七日には、ソ連軍がポーランドに侵攻し東半分を占領した。二三日には、独ソでポーランド分割協定が締結された。

大規模な戦闘準備をととのえたドイツ軍は、一九四〇年四月から西ヨーロッパ諸国への攻撃を開始し、六月二三日にはフランスがドイツに降伏した。四一年三月からは、ブルガリアをはじめ東欧諸国に進駐し、六月二二日にドイツ軍は全兵力のじつに九割一七〇個師団を投入してソ連に侵攻し、独ソ戦争がはじまった。

ドイツ軍の東欧諸国への侵攻によって、親ファシズム・ナチス政権が誕生していった。「社会主義」ソ連は、ドイツ軍に必死の抵抗をした。スターリンの独裁下にあったソ連であるが、祖国防衛戦争であったために、ソ連は、不屈の精神を発揮してドイツ軍と戦った。

しかも、ドイツ軍は、冬将軍に勝つことはできなかった。ナポレオンがロシアに負けたのと同じことであった。ドイツも冬は寒いが、ソ連の寒さは質が違っている。零下二〇度でたえられたとしても、零下四〇度ではとうてい戦争などできないであろう。

一九四二年二月の極寒のなか、ドイツ軍三〇万人はスターリングラードでソ連軍に包囲され全滅した。これを契機に、ソ連は、軍事力の向上とアメリカの援助により、反転攻勢に出ることができた。

一九四四年一月にドイツ軍は、東部戦線で全面的に敗退し、三月には、ソ連軍はルーマニアに進攻した。六月に連合軍は、フランス北部ノルマンディーの上陸に成功し、ローマをドイツ軍から解放し、八月にパリを解放した。ソ連軍は、一〇月に東プロイセンに進攻し、ユーゴの首都ベオグラードを解放した。

一九四五年四月一三日にソ連軍はウィーンを占領し、二二日にはついにベルリンに突入した。二五日には、アメリカ軍とソ連軍の先遣隊は、エルベ川で歴史的な握手をかわした。四月三〇日にヒトラーが自殺し、五月二日、ついにベルリンが陥落した。

五月七日にドイツが連合国に無条件降伏し、六月五日には、ドイツの管理についての米英仏ソ四ヵ国協定が成立し、ドイツは分割統治されることになった。

東欧諸国の「社会主義」化

その後、ドイツは、英米仏占領地域が西ドイツ、ソ連占領地域が東ドイツとして、先進国で唯一、東西に分割されることになった。ソ連に占領された東ドイツは、「社会主義」国家となることを事実上強制された。だから、東ドイツが成立してまもなく、大規模な暴動が発生したが、無残にも弾圧された。

ソ連軍によってファシズムから解放されたはずの東欧諸国でも、のきなみ「社会主義」国になることを事実上強制された。東ドイツをふくむ東欧諸国では、親ソ「傀儡政権」が政治を牛耳ることになった。したがって、ベルリン暴動はじめ、ハンガリー動乱、「プラハの春」など「社会主義」への反発は、成立当初からはげしかった。

第二次世界大戦後、「社会主義」は、それまでのソ連一国から、東ドイツ・東欧諸国に広がっていった。アジアでは北ベトナム、北朝鮮、中国で、ラテンアメリカではキューバで、「社会主義」革命が成功した。こうして、第二次世界大戦が終結すると「社会主義」が体制として世界史に登場した。

(2) 科学・技術と体制維持国際分業

世界戦争と科学・技術

第二次世界大戦後も、世界戦争は冷戦として戦われた。戦争をしないとしても三度目の「世界戦争」であるとみられるからである。冷戦も戦争ができない「世界戦争」と規定することによって、「戦争」による科学・技術の飛躍的「発展」ということがあきらかになる。

二〇世紀末から二一世紀にかけてのIT(情報・技術)革命やバイオテクノロジーなどのハイテク産業の飛躍的発展は、冷戦下でアメリカが、国家の総力をあげて軍事技術開発と航空・宇宙産業の育成をはかった帰結である。

戦後、資本主義側の盟主となったアメリカは、国際通貨基金(IMF)体制によって、みずからの通貨ドルを金に擬制することによって、世界にドルをばら撒き、みずから膨大な需要を作り上げた。おかげで、アメリカは、軍事技術開発に特化しても、世界中から消費財をドルで購入することができた。

アメリカ自身は、冷戦において、軍事的、正確には軍事技術と軍備・兵器生産、軍隊の配備においてソ連に勝利しなければならなかった。実際に戦争ができないので、シミュレーションの世界でつねに勝利していなければならなかった。実戦で検証できない軍事技術開発は、きわめてむずかしい。この困難なミッションをアメリカは背負わされた。

核を積んだミサイルで攻撃されたら、それをミサイルで撃ち落とすというのが、アメリカの最終的な軍事目標であった。ハイテク産業がここまで発展した現段階でもむずかしいといわれる軍事技術開発にアメリカは、戦後一貫して取り組まざるをえなかった。

軍隊というのは実戦によって強くなるし、軍事技術は、兵器の実戦使用によって性能が向上する。戦争ができず、図上演習で勝利するというのは、実戦で勝利するよりはるかにむずかしいこともあって、アメリカでは、軍事中心の科学・技術だけは飛躍的に「発展」した。

こうして、最初の人口衛星打ち上げで旧ソ連におくれをとったアメリカにとって、ソ連を上回る航空・宇宙技術をもつことが国家目標となり、膨大な国家予算を注ぎ込むことにだれも公然と反対しなかった。戦後のアメリカは、軍事的優位に立つために、最先端産業の技術開発を敢然とすすめることが可能となった。

ただし、冷戦とはいっても、アメリカが参戦した朝鮮戦争以降、ベトナム戦争など悲惨な戦争、すなわち「限定熱戦」が戦われたが、これは米ソ「代理戦争」であった。

体制維持国際分業

第二次世界大戦でその経済力を極限まで高めた結果、資本主義世界の盟主となったアメリカは、国家の総力をあげて最先端の軍事技術開発に特化しなければならなかった。これは、核戦争が勃発したとしても、勝利しなければならないという絶望的なミッションであった。

しかしながら、ほんらい、このような経済システムは存立しえない。冷戦という政治・軍事の世界史的変化が、そのありえないことを資本主義世界に強制した。ひとつは、アメリカと日独との国際分業、もうひとつは、国際通貨基金（ＩＭＦ）体制の構築である。

ひとつめの国際分業というのは、アメリカが最先端の軍事技術開発に、日本とドイツが従来型の重化学工業・消費財産業に特化するという、資本主義体制維持国際分業ともいうべきものである。

ただし、軍事技術開発の結果として生産されるものは、最先端の兵器や軍需品であって、アメリカ国家が唯一の消費者である。同盟国といえども、外国に売ることはない。売るとしても、技術的には、レベルの低いものである。だから、アメリカは、日本やドイツから重化学工業製品や消費財を購入することはできない。米ドルというのは、「紙」だからである。

冷戦という政治の要請なのであるから、このような国際分業システムをなんとしても機能させなければならない。そこで構築されたのが、ふたつめのＩＭＦ体制である。この制度は、アメリカ政府が、対外国政府にかぎり金一オンス三五ドルで売却する、すなわち米ドルを金とリンクさせたものである。

こうして、アメリカ政府が、米ドルを信用貨幣（価値を有する金の裏付けのある貨幣）としたので、日本やドイツをはじめ世界は、よろこんで米ドルを受け取って、原材料や製品などをわたした。その大前提は、アメリカ政府が、米ドルの価値を維持するということであった。

「安全保障条約」によってアメリカに国土を守ってもらっている日本は、「よろこんで」、この体制維持国際分業に組み込まれていった。おかげで、日本は、一九七〇年代初頭まで歴史上まれにみるような高度経済成長を謳歌し、この対米依存は現在にいたるまでつづく。

同じく体制維持国際分業に組み込まれたものの、東西に分割された西ドイツは、日本とはいささか異なる道を歩んだ。

ひとつは、マーケットと農業を失った西ドイツは、経済的には、西欧に活路を見出さなければならなかったということである。もうひとつは、フランスのいうことを聞かざるをえなかったという事情である。それは、分割国家東西ドイツが再統一するためには、占領国となったフランスの承認が必要だったからである。

三つ目は、ヨーロッパ諸国への侵略戦争とユダヤ人にたいする「ホロコースト」に謝罪するためには、西欧の地域統合に参加し、平和でほんとうに豊かなヨーロッパの構築に全力を投入しなければならなかったことである。

戦後の西ドイツは、このような事情によって、西ヨーロッパの統合に参加せざるをえなかったが、西欧諸国の政治指導者は、ドイツに戦争をさせないために、なんとしてもその政治・軍事・経済力を削ぎ、西欧の統合に封じ込めておかなければならなかった。

こうして、第二次世界大戦後に、急速に西欧の統合が進展することになったのである。

2 ヨーロッパ統合の進展

(1) EECからEC・EUへ

西欧の地域統合

第二次世界大戦後、それまでの戦争といがみ合いの歴史を深く反省した西欧諸国は、平和で豊かなヨーロッパを希求して統合の道を選択した。

それはまた、米ソ冷戦という世界史的条件の変化に触発されたものであるとともに、東西に分割され、マーケットと農業を失った西ドイツが生き延びていくためには、西欧の統合に参加するしか道は残されていなかったからである。

その大前提は、ドイツが第二次世界大戦での戦争責任をとり、戦後責任をきっぱりとはたすことである。

こうして、一九五八年に設立されたヨーロッパ経済共同体（EEC）は、六〇年代に共通農業政策の実施、関税同盟の完成、ヨーロッパ共同体（EC）の結成、七〇年代末に欧州通貨制度（EMS）の創設による通貨安定システムの構築、九〇年代初頭には域内単一市場の実現と欧州連合（EU）の設立、そして、九九年一月には、ついに単一通貨ユーロ導入という歴史的な通貨統合が実現した。

当初、わずか六ヵ国で結成されたEECもその後加盟国が増加し、二〇〇四年には中東欧諸国一〇ヵ国が、〇七年に東欧諸国二ヵ国、一三年に一ヵ国が加わって、じつに二八ヵ国となった。

このように、EUは、戦後七〇年にわたって、加盟国が増加するとともに経済統合が深化してきた。ところが、二〇一六年六月二三日にイギリスで実施された国民投票で、EUからの離脱が決定した。中東情勢の悪化などにより、大規模な移民・難民がヨーロッパに流入し、移民・難民の排斥やEUからの離脱を主張する極右政党やポピュリスト（大衆迎合主義）勢力などが台頭してきている。

統合実現の諸要因

ヨーロッパを統合し「ひとつのヨーロッパ」を実現しようという考え方は、戦前までさかのぼる。

一九二三年にオーストリアのパン・ヨーロッパ運動の指導者G・カレルギー伯は、一六四八年のスイス統合闘争の成功、一七七六年のアメリカ合衆国独立の承認、一八七一年のドイツ帝国の成立などの事例を引き合いに出して、ヨーロッパ合衆国の創設を提唱した。

このヨーロッパ統合の動きも残念ながら、第二次世界大戦の勃発によって挫折した。しかしながら、大戦が終了してからは、ヨーロッパを統合するという動きは、ますます活発化し、実現に向けて大きく前進していった。

その第一の要因は、ヨーロッパ自身がみずからの弱体化を悟ったことである。二度にわたる世界大戦で主戦場となった結果、栄光のヨーロッパは、完全に過去のものとなってしまった。

世界の政治・経済上の指導的地位は、個々の国が寄せ木細工のごとく集まったヨーロッパよりもはるかに強大な軍事力、政治力、経済力をもつにいたった東西の超大国、アメリカとソ連にとってかわられたからである。

ここで重要なことは、第二次世界大戦後になって、ヨーロッパの統合が一挙に具体化していった最大の要因が、当時、超大国として東西両陣営に登場した米ソに対抗していくためには、ヨーロッパ諸国が一体となって再興していく必要にせまられたということである。

第二の要因は、社会的、国際的諸関係をより秩序ある方向に導き、よりよく、より自由で、より公正な世界を真剣にもとめ、市民の生活水準と福祉水準の向上、労働条件の改善を希求するという考え方が広まってきたことである。そのためには、米ソと比べればはるかな小さな国の寄せ集めのヨーロッパではなく、少なくとも、米ソに匹敵する巨大な経済圏を構築する必要があった。

第三の要因は、あらたな軍事的衝突や戦争は回避しなければならないという「ネバー・アゲイン」というモットーからもわかるように、欧州統合への決意が確固たるものとなったことである。

すなわち、二度の世界大戦でヨーロッパが主戦場になり、莫大な犠牲者を出したという戦慄すべき経験をつうじて、欧州統合は、すべての政治的行動の方向を指し示す大原則となったということである。そのためには、分割国家西ドイツにたいして一方的な制約を科すことはあまり意味のないことであるが、他方では、完全に独立した西ドイツというのも平和にたいして依然として脅威であるという二重の認識があった。

このジレンマを解決する唯一の方法は、西ドイツを政治的にも経済的にも、西ヨーロッパ諸国のグループのなかにしっかりとつなぎ止めておくことであった。

このうち第一・第二の要因というのは、あくまでも、ヨーロッパ世界がめざすべき方向性である。米ソに比べればはるかに小さな国からなり、それぞれの国益がぶつかり合うなかで、そんなにかんたんに実現することはない。

したがって、三番目の西欧諸国による欧州統合の枠内へのドイツ封じ込め政策こそ、第二次世界大戦直後から、フランス主導の欧州統合が急速に進展した最大の要因ということができる。

こうして、一九五八年一月に、フランス、西ドイツ、イタリア、ベルギー、オランダ、ルクセンブルグによって形成される欧州経済共同体（ＥＥＣ）が発足した。ＥＥＣは、関税同盟を六八年に完成させた。

一九四九年九月の西ドイツ成立、一〇月の東ドイツの成立で、ドイツが東西に分割されたことから、戦後の欧州統合が開始された。

ドイツ封じ込め政策

このドイツの東西分割は、第二次世界大戦後の米英仏ソによる分割占領の帰結によるものであった。それ自体は、ドイツが冷戦対抗の最前線におかれたということであるが、別の側面からみれば、戦前のドイツ帝国の政治・経済力が削がれたということ、すなわち、ヨーロッパにおけるドイツの脅威が軽減されたということであった。

とはいえ、「社会主義」勢力に組み込まれた東ドイツは、農業地帯であるが、資本主義（西側）勢力に帰属した西ドイツは、ルール地方をかかえる工業地帯である。したがって、西欧諸国は、ヨーロッパ最強の工業力を有する西ドイツを野放しにすることはできなかった。

二度目の大戦で敗れたドイツが、経済復興をとげ、一流の重化学工業をひっさげて、またヨーロッパを蹂躙するのではないかという不安がつきまとっていたからである。

一九五一年四月に欧州石炭鉄鋼共同体（ＥＣＳＣ）がドイツ、フランス、イタリア、ベネルクスの六ヵ国で成立した要因というのは、直接的には、フランスが自国の鉄鋼業の発展のために、ドイツから石炭を安定的に確保するということにあった。

それはまた、兵器製造に不可欠な鉄鋼と当時の主要エネルギーであった石炭の生産をドイツに勝手におこなわせないために、超国家機関のコントロール下におこうとするものでもあった。こうして、戦後のドイツ封じ込め政策がはじまったのである。

フランスの提案によって、ＥＣＳＣが実現したが、ドイツが自由に石炭と鉄鋼の生産をおこなうことができなければ、軍備の増強はできないし、戦争をしかけることもできない。このことが、平和でほんとうに豊かなヨーロッパを構築するための大前提であった。

軍事的にドイツを西ヨーロッパの統合に封じ込めるために、一九五五年にドイツは再軍備をおこなったというものの、ドイツ国防軍は、基本的に北大西洋条約機構（ＮＡＴＯ）の指揮下におかれ、独自の行動はできなかった。陸軍には、九〇年まで独自の参謀本部がなかったという。

ドイツが軍事力を増強し、戦争をしかけさせないための経済的な手立ての極め付けは、ドイツから、みずからの通貨であるドイツ・マルクを取り上げることである。ユーロの導入がそうであるが、フランスは、高度の政治的な駆け引きをおこなって、ほんとうにドイツから通貨を取り上げてしまった。

そのことが、まさかドイツを〝帝国〟に生まれ変わらせるきわめて重要な要因になるとは、誰一人として予測できなかったことであろう。

ところで、ドイツは、どうしてフランスをはじめとする西欧諸国のドイツ封じ込め政策にしたがったのであろうか。日本のように、西欧をすてて、アメリカに活路をもとめる道を選択することもできたはずである。ところが、分割国家西ドイツには、西欧の統合にくわわるしかない固有の事情があった。

第二次世界大戦後まもなく、ヨーロッパの統合がダイナミックに開始されたが、このことを理解するうえできわめて重要なポイントは、フランスというのがじつに誇り高き国だということである。このことを見逃したら、なぜ、フランス主導の経済統合から、その実現は不可能とまでいわれた単一通貨ユーロが導入できたかということを理解できないであろう。

フランスの野望

フランスは、第二次世界大戦が勃発してまもなくドイツに降伏し、直接の戦場となったので、最終的には戦勝国となったものの、経済力・政治力の地盤沈下は覆うべくもなかった。しかも、東欧諸国の一時「社会主義」化によって盟主となったソ連（少なくとも戦後の一時期は）と、唯一戦場とならなかったアメリカは超大国に生まれ変わっていた。

フランスは、米ソ両超大国の狭間で、ヨーロッパの小国のひとつにすぎなくなってしまった。国連安保理の常任理事国の地位にはあるものの、国際政治・軍事にまったくコミットできなくなるばかりか、「成り上がり者国家」アメリカの世界戦略に追随せざるをえなくなってしまった。

そこで、フランスは、米ソと互角に対抗できるような巨大な経済圏を西ヨーロッパに構築すれば、その経済力を背景にして、強力な政治的発言力を有することができるという壮大な戦後世界政治・経済戦略を構築した。

高度な政治・外交手腕と、ある程度の軍事技術を有しているものの、フランスに決定的に欠如していたのは、強固・強大な経済力である。

そこで、フランスがなんとしても手に入れたかったのは、広大なマーケットを有する経済圏とドイツの強大な重化学工業であった。ところが、従来であれば、ドイツとフランスは、普仏戦争、第一次・第二次世界大戦と戦争を繰り返し、統合などとうていかんがえられないことであった。

この不可能を可能としたものこそ、第二次世界大戦後の冷戦体制への移行にほかならなかった。ドイツが東西に分割されたことを利用したのである。資本主義国に帰属し、東欧経済圏と東ドイツ農業地帯を失った西ドイツは、マーケットと農業を西欧にもとめて、フランス主導の西欧統合に加わらざるをえなかった。

たんに、経済的要因だけであれば、西ドイツが西ヨーロッパを捨てて、アメリカに依存することも選択できたはずである。ところが、ドイツには、どうしてもフランスの野望実現に追随しなければならない固有の要因があった。それは、分割占領に参加したフランスが、分割国家ドイツの再統一(ドイツ帝国建国以来)に拒否権を有していたからである。

戦勝国フランスは、その政治力を駆使したおかげからか、フランス国境近くの地域で、ドイツの分割占領に加わることができた。この米英仏ソの分割占領は、国際法上は信託統治であって、再統一するためには、占領四ヵ国による信託統治を終了し、四ヵ国によって統一するための条約を締結する必要があった。フランスは、分割占領に加わることにより、条約締結に参加する権限を獲得した。

フランスが統一条約を批准しなければ、ドイツの再統一は未来永劫実現できない。ドイツ再統一は西ドイツの悲願であって、ここにフランスが付け込んだとおもわれる。

西ドイツが西ヨーロッパの統合に積極的に参加したのは、戦争責任をはたすために、政治的に跳ね上がらず経済活動に専念すること、西欧のマーケットと農業を獲得することにあったが、根本的には、こうした冷戦体制への移行と東西ドイツへの分割によるものであったとかんがえられる。

(2) 経済統合の進展

経済統合の進展

一九五八年にEECが結成されて以来、紆余曲折をへながらもその後、ヨーロッパの統合が進展してきた。ここで、経済統合の概要をあきらかにするとともに、統合が進展してきたいくつかの特徴的要因を取り上げてみよう（J・ペルクマンス著、田中素香訳『EU経済統合――深化と拡大の総合分析』文眞堂、二〇〇四年）。

経済統合というのは、通常は、ふたつ以上の経済間の経済的境界を除去することであると定義されるが、経済的境界というのは、それを越えるさいに、財、サービス、生産要素の現実的かつ潜在的な可動性、ならびに情報のフローが相対的に低くなるようななんらかの境界のことをいう。経済統合をおこなうばあいの基本的な意義というのは、現実的ないしは潜在的な競争を増大させることにある。

経済統合は、市場統合と政策統合からなっている。

前者は、経済統合の核心をなすものであるが、後者というのは、あまり厳密な概念ではない。経済統合のもうひとつの重要な区分は、国民的な経済規制や経済政策の差別待遇を除去することなどの消極的統合と、少なくとも一部の権力・権限を共同機関または共同行使にゆだねるなどの積極的統合である。

B・バラッサのいう自由貿易地域（FTA）からはじまって、関税同盟、共同市場、経済同盟、完全な経済統合という統合発展諸の段階というのは、基本的な研究ツールであるが、関税同盟と共同市場の各段階というのは、積極的統合という視点が欠けているので、かならずしも十分な統合とはいえない。

第二次世界大戦後に高まった欧州統合の動きは、紆余曲折をへながら一九五七年に締結されたEEC条約に結実するが、この「実践による学習」期間から三つの教訓がえられる。

第一に、たとえば、関税自由化と数量割当自由化を分離するような、きわめて部分的な形態での経済統合は受け入れられない。

第二に、FTAは、かならずしも、多角的貿易自由化を局地的に「深化」させることにはならない。貿易自由化を「深化」させるためには、共通規制、調和、共通政策が不可欠だからである。

第三に、「深い」統合条約を締結するためには、市場参加者と政府の政策の双方が調整にたいして積極的であることがもとめられる。

こうした教訓をふまえて、欧州連合(EU)は、経済の自由化、共通規制・政策の深化、構成国の関与と禁止の深化、EUの経済、その他の権限の範囲の拡張、構成国数の拡大という、深化・権限拡張・地理的拡大によって発展してきた。

そして、一九九三年一一月に発効してEUを発足させた「マーストリヒト条約」は、通貨統合を深化の根本的形態として導入するというものであった。

他方、EUの経済的機能をみるばあい、「補完性の原理」がきわめて重要である。

各主権国家によって経済統合がなされているEUでは、どのような経済機能をEUレベルが担当し、どの機能を構成国レベルがはたすのが合理的かということが大事だからである。補完性の経済学は、EUレベルへの割り当ての程度と形態を変化させることによって、「集権化」の利益を最大にし、コストを最小化する方法を提示するものである。

「補完性の原理」は、課税、財政支出をともなう政策、財政移転、マクロ経済安定などの非規制的な経済機能に適用することもできる。これは、主権国家同士が経済統合にすすむばあい、きわめて重要な原則である。

ＥＵの規制戦略は、自由移動、域内国境の撤廃、補完性、法律・制度などの最小限の接近、相互承認という五つの原則にもとづいている。これは、しばしば膠着状態や過剰規制におちいった従来の規制戦略とくらべても、経済的により有効なものである。

共通政策のうち共通農業政策（ＣＡＰ）の基礎となる原則は、①単一生産物市場、②ＥＵの優先、農業保護、③構成国間の財政上の連帯などである。ＣＡＰの目的は、①生産性の上昇と地域的な特化、②農民の「公正」な所得、③マーケットの安定化、④供給の安定、⑤「妥当な」消費者価格の実現などである。

3　通貨統合の実現

(1) ドイツ封じ込めの通貨統合

最適経済圏ではないユーロ圏

ユーロが導入できた大きな教訓のひとつは、いわゆる最適経済圏でなくても、通貨統合まで実現が可能だということである。

最適通貨圏という考え方は、アメリカとカナダが通貨統合したらどうなるのか、という特殊な事例にもとづいて提起された考え方である。アメリカとカナダは、言葉、文化、民族、経済構造などの点でかなり似かよっている。ここに単一通貨を導入したらどうなるかという理論をヨーロッパの通貨統合にあてはめても現実性がないことはあきらかである。

それにもかかわらず、ユーロが導入されるまで通貨統合の実現性をめぐる議論で取り上げられてきた。国家主権を有する国々が通貨統合をおこなうと、ほんらい、外国為替の変動によって調整されていた経済不均衡調整機能が働かなくなる。したがって、国家間の労働力の自由移動や財政的措置などによって格差が是正されなければならない。

このように、自由な労働力移動や集権化された財政による安定化政策という財政的措置がとられたうえで、通貨統合がなされると、経済成長が促進されるというのが最適通貨圏の考え方である。ユーロ導入が実現したものの、少なくともユーロ圏（通貨統合全参加国）には、最適通貨圏の理論があてはまらないことがあきらかになった。

EUは、中央レベルでは多くの再分配をおこなわず、また一切の財政的安定化もおこなわないような経済・通貨同盟を一九九九年に通貨統合として実現した。

EUでは、一九九二年の市場統合により、ひとの移動は自由化されていた。しかしながら、ユーロ圏のなかで経済的格差を解消するような労働力の移動はなされていない。言葉も民族も異なる国々で、自由に労働力が移動するということはないからである。

したがって、EUは、通貨統合を実現するために、経済統合をすすめるとともに、通貨統合に参加する条件として、経済格差の縮小につとめてきた。

単一通貨ユーロを導入しても、労働力の移動や共同体からの強力な財政措置がなければ、加盟各国の深刻な経済格差は解消されず、恒常化する。そうであれば、逆に、単一通貨を導入する大前提として、通貨統合に参加を希望する国の条件をきびしくし、経済的な格差を解消すればよいという戦術をとった。

そのために、EUは、さまざまな共通経済政策を策定・実施して、経済格差を解消するために、加盟国間の経済的収斂をはかってきた。

通貨統合にあたっては、ユーロを安定した強い通貨にするという目標をかかげ、通貨統合参加条件をきびしくした。ＥＵ加盟国は、徹底的な財政赤字の削減をせまられた。こうして、通貨統合に参加することのできた国の経済格差は、縮小していった。

経済的収斂をすすめて実現した通貨統合であったが、それでも、ユーロ導入後、欧州中央銀行（ＥＣＢ）による単一の金融政策と加盟各国の経済状況との齟齬がみられる。ドイツやフランスなどの中心国の景気がおもわしくなければ、とうぜん、ＥＣＢは金融緩和政策をとる。ところが、景気がよいほかの加盟国は、そうなると景気が過熱してしまうということがあった。

これは、金融政策をＥＣＢという超国家機関が遂行しているにもかかわらず、個別的な財政政策や経済政策は、国家主権を有する加盟各国がおこなっていることの矛盾である。通貨統合のこの矛盾は、なんらかの形でひとつの国になるという政治統合（たとえば連邦制）でしか解決されえないものである。

経済統合の優先

ＥＵの統合が前進してきたのは、統合をすすめるにあたって、経済統合と政治統合を明確に区別してきたからである。経済の分野で協力することはできても、国家主権の根幹にかかわる問題で、ＥＵ加盟国が完全合意することはむずかしいからである。

一九五〇年代中葉にヨーロッパの平和の促進のために欧州防衛共同体構想が出てきたが、これは、国家主権の根幹にかかわる問題でもあったので、うまくいかなかった。

そうすると、たちどころにＥＵは、合意がむずかしい政治や軍事にかかわる問題は棚上げして、とりあえず加盟国がまとまることのできる経済統合を前面にかかげて前進していくという路線に転換した。これが、欧州統合が成功した大きな要因のひとつである。

したがって、人間、財、資金、サービスの移動を自由化した一九九二年の域内市場統合でも、国家主権の根幹にかかわる税制の調整はほとんどおこなわれなかった。たとえば、金融の税制を統一すると、ルクセンブルクのように、優遇税制で金融取引を活発化している国の歳入が激減するからである。

とはいえ、市場統合の段階までは、税制の調和がうまくいかなくても、政治統合とある程度は分離することが可能であった。しかしながら、通貨統合にいたると政治統合の分野にもかかわってくるので、そうはいかなくなってしまった。

そのため、通貨統合を実現する条約改正の当初案では、EUの政治統合は「連邦制を目的とする」と明示されていたが、イギリスなどの頑強な反対で削除され、欧州連合（ユニオン）に変更された。

また、共通防衛政策では、西欧九ヵ国の軍事調整機関である西欧同盟（WEU）との連係を強化することが明示されたものの、イギリスなどは、アメリカも加盟する北大西洋条約機構（NATO）との関係を重視した。

こうして、経済統合までは、税制などの調整をあいまいにできたが、いぜんとして財政主権などの国家主権が各国に残っているので、通貨統合がはじまっても、財政赤字が増えたフランスやドイツなどに、断固たるペナルティを科すことはできなかった。それでも、ユーロをドルにかわる強い通貨にしようという機運が出てくると、ようやく欧州連邦をめざそうかという声も聞かれるようになった。

ようするに、経済的な利益を優先し、政治統合は、そのためにはどうしても必要だということになれば、後追い的に議論していくというのが、欧州統合成功の大きな要因のひとつなのである。

もうひとつ重要なことは、はじめから大きな経済的目標をかかげて、その実現のために努力してきたことである。B・バラッサの経済統合の発展諸段階からすると、統合は、最初はFTAからはじまるが、

EUのばあいは、関税同盟から入った。FTAは、統合自体の深化に適したものではないからである。関税をとらないというのも国家主権にかかわることであるが、関税同盟に参加した国はお互いに徴収しないので、一種の租税協定である。しかも、関税同盟を結成することによって、貿易創出効果もさることながら、共同体を結成したという達成感も大きなものだったであろう。

こうして、関税同盟を実現したEUは、通貨安定のシステムとしての欧州通貨制度（EMS）、市場統合、通貨統合、欧州連邦と次々と大胆な目標をかかげてきた。当初は、実現不可能とおもわれたような目標に向かって、各国の利害を調整しながらすすんできた。しかも、達成の期限を事前に定めて、実現のために妥協をせまるというものであった。

そこで重要なことは、達成基準を明確に定めるのではなく、解釈の幅を広げていることである。通貨統合の参加基準でも、たとえば、政府債務残高の対GDP比六〇％以内という基準を達成したのは数ヵ国であった。それでも参加できたのは、たとえ六〇％以上でも財政赤字が傾向的に減少していればいいという規定が入っていたからである。

こうして、大きな目標をかかげて突き進むという方法をとることによって、EUの政策策定能力が飛躍的に向上した。

さまざまな国々の利害を調整し、すべての国が納得するような共通の目標を作り上げることはきわめてむずかしいことである。多くの国が参加すればするほど、経済共同体の共通政策策定がむずかしくなるが、それだけ、共同体の行政機関、各国政府・政治家の政策策定能力が高まる。

ドイツ封じ込めへ

一九九二年の市場統合が準備されるなかで、八〇年代末には、市場統合の次の大きな目標として通貨統合の実現のための議論がおこなわれているさなか、八九年一一月にベルリンの壁が崩壊し、東西ドイツの統一が現実のものとなった。

一年もたたない一九九〇年一〇月にドイツが再統一されたが、この再統一は、西欧諸国の首脳に市場統合と通貨統合のすみやかな実現をせまった。というのは、ドイツが再統一されることによって、東プロイセンなど一部は放棄したものの、戦前のドイツ帝国の政治・経済力が復活することになり、ふたたびドイツの脅威がヨーロッパをおそうからである。

とりわけ、ドイツが再統一すれば、フランスをはじめ西欧諸国に遠慮はいらなくなり、戦前のドイツ経済圏であった東欧に、大手をふって回帰することができる。ふたたび、ドイツがヨーロッパの脅威となりかねない。

この恐怖のシナリオは、西欧諸国の首脳を震撼させるに十分なものであった。戦後の西欧の政治・経済運営のすべてに優先する大原則であったドイツ封じ込め政策が、ついに破綻する危機にみまわれたからである。そこで、西欧諸国首脳は、ドイツを西ヨーロッパの統合の枠組みから離脱させない政策、すなわちドイツ封じ込め政策の継続を模索した。

そのひとつは、市場統合の実現をいそいだこと、もうひとつは、通貨統合の実現のために、ドイツの要求を丸呑みしたことである。

ヒト、モノ、カネ、サービスの移動の自由をめざす市場統合には、総論は賛成でも、各論には反対が多かった。加盟国は、とうぜんながら自国の利益を優先するので、一九九二年までに市場統合を実現する法令の整備はむずかしかった。もしも、市場統合が実現しなければ、ドイツがEUにとどまっている意味がなくなり、はれて東欧回帰が可能となる。

肝心のドイツが再統一し、西欧の目のとどかないところにいけば、またヨーロッパが危険にさらされてしまうので、西欧諸国は、税制などの国家主権の根幹にかかわる規制は残しながら、その他の規制について撤廃する法令を次々と採択していった。

通貨統合についての「マーストリヒト条約」は、一九九一年一二月のEU首脳会議で合意された。その最大の要因は、フランスが東西ドイツの統一をみとめるのと引き換えに、ドイツに、世界最強といわれた通貨ドイツ・マルクを捨てること、すなわちユーロの導入を受け入れさせたことによるものである。

そもそもドイツ・マルクを捨てることは、ドイツの世論がけっして許さなかった。だから、ドイツは、フランスと密約をむすんだのである。ところが、この密約によって東西ドイツは統一できたが、ドイツはどうしてもマルクを捨てたくはなかった。そこでドイツは通貨統合潰しの高等戦術を駆使した。

すなわち、ドイツは、通貨統合で導入されるユーロは、安定した、強い通貨でなければならないという提案をおこなった。そうすれば、物価の安定などにあまり頓着しないフランスなど南欧諸国が、通貨統合をあきらめるのではないかとの目算からであった。

ところが、ドイツによるユーロ潰しと西欧統合からの離脱の意図を見抜いたフランス、イタリアなどは、いともかんたんにこのドイツの提案を受け入れた。かくして、設立される欧州中央銀行（ECB）は、政府からの確固たる独立性を保持し、物価安定のために金融政策をおこなってきたドイツ連邦銀行並みの中央銀行となったのである。

このように、フランスがドイツからドイツ・マルクを取り上げたのは、経済統合を完成させるということもさることながら、フランスが意図したかどうかはともかく、じつは、ドイツに戦争させないという究極の経済的措置のためであるとかんがえられる。

ヒトラーは、中央銀行であるライヒスバンクを政府の従属下において「打ち出の小槌」とし、大量の軍備増強資金を調達した。ＥＣＢの支店となったドイツ連邦銀行には、通貨発行権がないので、ドイツが戦争したくても、勝手に資金を調達できなくなる。究極の西欧へのドイツ封じ込め戦略であろう。

さらに、ドイツを西欧統合の枠内に封じ込めようとしても、東西ドイツ統一によって、それがむずかしくなったとすれば、逆転の発想で、東欧諸国をＥＵに加盟させればいいだけのことだということに、気づきはじめた人がいた。ユーロが導入された後、二〇〇四年以降、東欧諸国のＥＵ加盟がすすんだのはそのためであるとかんがえられる。

(2) 通貨統合実現の前提

欧州通貨制度（ＥＭＳ）の成功

関税同盟が成立した後の一九七〇年一〇月に、Ｐ・ウェルナー元ルクセンブルグ首相が「経済・通貨同盟の段階的実現に関する報告」を発表した。

この報告にもとづいて、一九七一年三月に「経済・通貨同盟決議」が採択された。それは、当時のＥＣ加盟六ヵ国の為替変動幅を段階的に縮小し、一〇年後に為替変動幅をゼロにする、すなわち事実上の単一通貨を導入するというものであった。

このウェルナー提案にもとづいて一九七二年四月に、ＥＵ加盟六ヵ国によって為替相場同盟が始動した。これは、参加国通貨が±二・二五％の幅で動くのが蛇に似ていることから、スネークとよばれた。スネークには、五月にイギリス、デンマーク、アイルランド、ノルウェーが、六月にはスウェーデンが参加して一一ヵ国となった。

しかし、このスネーク開始直後の一九七二年六月にイギリスが離脱し、アイルランドもイギリスに追随した。七三年三月にはイタリアが、七四年一月にはフランスが離脱した。フランスは、翌年復帰したものの七六年三月にふたたび離脱した。

そこで、スネークは、投機が激化するまえに為替平価調整をおこなうミニ・スネークに転換した。この時期は、国際通貨基金（IMF）体制が崩壊し、世界が変動相場制に移行する時期と重なったこともあって、各国通貨の為替相場は、大混乱におちいって、経済も危機的な影響を受けた。

そのため、EUが通貨的に協力していかなければ、経済の混乱を克服できないという機運が高まった。

そこで、当時のR・ジェンキンスEC委員長は、一九七七年一〇月にフィレンツェでおこなった演説で、あらたな域内固定相場制の導入を提案した。

この提案に、当時のフランスのディスカール・デスタン大統領とドイツのシュミット首相が同意し、フランス・イタリア・イギリスをミニ・スネークに復帰させて、欧州通貨制度（EMS）を設立する計画を提唱した。

こうして、一九七八年一二月のブリュッセル首脳会議でEMS決議が採択され、七九年三月にEMSが正式に発足した。EMSは、三つの構成要素からなっていた。ひとつは、加盟各国の通貨をその経済規模に応じて加重平均して作られるECU（欧州通貨単位）の創設である。

もうひとつは、為替相場メカニズム（ERM）である。これは、加盟各国が、ECU対比で自国通貨のセントラル・レートを設定し、自国通貨の変動幅をプラスマイナス二・二五％の範囲内におさえるために、中央銀行が市場介入や金利調整をおこなうものである。

三つ目は、各種信用供与システムである。各国中央銀行が為替介入をおこなうさいに、外貨準備が枯渇すれば、市場介入ができなくなるので、超短期・短期・中期などのさまざまな信用供与がおこなわれるシステムが用意されてはじめて、狭い範囲に通貨変動幅をおさえることができる。

このEMSも、一九九〇年代に入ると二度の危機にみまわれたものの、設立以降、九〇年代初頭までは、EMS参加国通貨は比較的安定していた。しかも、加盟各国のインフレ率も急速に低下していった。

このEMSの成功が、一九九〇年代末に実現は不可能、とまでいわれた通貨統合が具体化していく通貨上の大前提であった。

一九九二年の市場統合

EECは、その成立以来、内部にさまざまな困難をかかえながらも、関税同盟や共通農業政策、経済政策の協調という点で大きな成果を上げてきたことは事実である。しかし、完全な域内市場の形成という側面からみれば、まだ不十分な点が多かった。

従来の問題点を克服し、ほんとうの意味で完成された域内市場を形成しようとするものが、一九九二年のECの市場統合であった。

「ローマ条約」第三条に定められた域内市場統合の実施項目のほかに、欧州委員会は、エネルギー政策、研究開発・科学技術政策、消費者保護政策、情報政策、さらに、教育政策まで策定し、それによって、ECの市場統合がかなり進展してきた。しかし、いぜんとして、さまざまな障壁が残されていた。

主要な障壁は、次のようなものであった。
①物理的障壁：域内輸送の自由化、輸入数量制限の撤廃、動植物検疫の簡素化、統計フォームの簡素化、人間移動の管理（パスポート・コントロールの緩和など）。
②技術的障壁：物品移動の自由化（製品規格の統一化など）、政府調達市場の開放、労働力移動の完全自由化、サービス（金融、運輸など）供与の共同市場化、資本移動の自由化、産業協調のための環境整備（会社法の統一化など）。

③財政的障壁：付加価値税（ＶＡＴ）の税率―対象品目の調和、その他の間接税率―対象品目の調和。

これらの障壁を除去しないかぎり、域内統合市場の完成はおぼつかないことはあきらかであった。そのためのプログラムとして、一九八五年六月に欧州委員会は、「域内統合白書」を発表した。

その主要な内容は、

①完全に単一化された統合市場の完成の目標を一九九二年末とする、

②自由な市場機能のさまたげとなる物理的・技術的障壁、および財政的障壁の除去のために三〇〇を超す法案（最終的に二八二に整理統合された）を提出する、

③域内市場の完成に必要な提案を一九八五年から一九九二年までの間に設定した目標にしたがって採択し実施する、というものであった。

域内統合白書が出されてしばらくは、ＥＣの市場統合の動きも緩慢であったが、一九八〇年代後半、とくに東欧での一連の自由化、ベルリンの壁の崩壊によるドイツ再統一が具体化するにつれて、市場統合の動きも加速化した。

とくに、強大なドイツの出現をおそれるヨーロッパ諸国が、市場統合を実現してドイツをその枠内にとどめておく必要があるという点で一致したことが、大きな要因だったといえよう。

通貨統合のねらい　ユーロの導入という通貨統合のはたした重要な経済的役割は、各国政府がこれを非常にうまく利用して、財政構造改革だけでなく、経済構造改革、金融システム改革、企業再編、競争力強化などをおこなったということにある。

とくに重要なことは、二一世紀にますます進展する少子・高齢化に対応できるようにするために、徹底した財政構造改革を断行することができたことである。それは、通貨統合を潰そうとして提案したド

イツ型のきびしい財政規律の導入を、ヨーロッパ諸国が受け入れたからである。

ドイツの提案というのは、通貨統合への参加条件として、たとえば、単年度の財政赤字の対GDP比が三％以内、政府債務残高のGDP比が六〇％以内というものであった。この条件は、ドイツ再統一にともなう東ドイツ支援で大規模な財政出動をおこない、当時の西ドイツですら達成できていなかったほどきびしいものであった。

さらに、ユーロを強い安定した通貨にするために、ドイツ連邦銀行型の金融政策、すなわち物価の安定を大前提とする政策運営がなされることになった。

「マーストリヒト条約」合意からまもない一九九二年にみまわれた欧州通貨制度の危機などがあって、通貨統合はしばし話題にものぼらなくなった。

しかしながら、EU諸国の政府首脳は、一九九五年ころになると通貨統合の実現に向けて猛然と突っ走ることになった。EU諸国が協力していかなければ、通貨統合は未来永劫、陽の目をみなくなってしまう危機感をいだいたからであろう。

ここで、重要なことは、EU諸国政府首脳が、通貨統合を「外圧」にして、財政構造改革を断行できると気が付いたことである。千載一遇のチャンスとばかり、ドイツ、フランス、さらにイタリアやスペインも、通貨統合に参加するために財政赤字の削減を断行した。これが、健全財政実現に向かう第一弾だったかもしれない。

もちろん、歳出の削減も大胆におこない、さまざまな無駄の排除、在外公館の縮小、ドイツだけでなく「軍事大国」フランスも国防費の削減を断行した。軍事産業を基幹産業とするフランスが、国防費削減までおこなったことは画期的なことである。

財政構造改革の本質は、社会保障費、社会福祉費の出費を削減することにあった。ヨーロッパ諸国は総じて社会福祉水準が高く、おまけにドイツあたりでは賃金水準も高いので、企業の国際競争力は弱体化していた。

日本やアメリカの企業との熾烈な競争に勝ち抜いていくには、企業の福利厚生費を軽減し、賃金もなんとか抑制しなければならない。財政支出についても、社会福祉負担が非常に大きいため、これを削らなければならない。ところが、平時にこれを平和的に実行することは不可能である。ヨーロッパでは、労働組合が非常に強いということもあるからである。

ドイツには、ビスマルク以来の社会保障の伝統がある。それでも、通貨統合という二一世紀におけるヨーロッパの崇高なビジョンの実現のための「痛み」、という形で提起した。緊縮財政にたいして、労働組合もゼネストなどで対抗したが、結局、政府の壮大なビジョンに太刀打ちできず、財政構造改革を達成することができた。政府の戦略の勝利であった。

（3）ユーロ経済圏の東方拡大と深化

ユーロ経済圏の確立

従来、ヨーロッパの企業は、EU経済圏という事実上の「ブロック経済圏」のなかにいたので、国際競争力という点ではいろいろ弱い面があった。それでもなんとかやってこられたものの、グローバル化時代には通用しないので、大単一通貨圏を構築することになった。しかしながら、それだけで通貨統合の実現を論ずることはできない。

物価の安定という観点からすれば、たとえば、ドイツ、フランス、ベネルクス三国、オーストリアなどの少数の国で通貨統合をおこなったほうがよかった。なぜなら、戦後一貫して物価安定の金融政策を遂行してきたドイツ連邦銀行などがイニシアティブをとれるので、物価の安定のもとでの経済成長を達成しやすいからである。

ところが、実際にふたを開けてみると、なんとイタリアやスペインも参加した。二〇〇一年からはギリシャも加わるという、予想もしない事態にいたった。これは、可能なかぎり大きな単一通貨圏を構築することによって、アメリカに対抗していくことが可能になったという点では、きわめて重要なことかもしれない。

巨額の対外純債務と経常収支赤字をかかえる米ドルは、いつ暴落するかわからない。そうであれば、対ドルのヘッジ通貨として新通貨ユーロをつくらなければならないし、ユーロを強い通貨にしなければならない。そのためには、巨大経済圏の構築が不可欠である。

アメリカに匹敵する巨大経済圏が構築されれば、経済的な側面だけからみて、ユーロは、ドルに代わる国際基軸通貨になる可能性がある。

通貨統合までは、EU一九ヵ国で一八の通貨（ルクセンブルグはベルギー中央銀行の発行した通貨を使用していた）が使われていたが、これがひとつになったことによって企業の競争が質的に変化した。すなわち、一国の国内市場と同じようになったからである。ここでは市場が統合されているので、とりあえず残るのは、通貨主権以外の国家主権（とくに財政主権）だけである。

ユーロ経済圏で支配的な地位を確保するためには、そうとうの企業再編、そしてほんらいのリストラクチャリングもおこなわなければならない。そこで、金融機関などは大胆な経営の合理化・効率化を断行した。外国為替取引の手数料が激減するだけでなく、域内競争が熾烈になるからである。

企業もM&Aを強烈に展開した。通貨統合は、企業の競争力を高めるうえで大きな役割をはたした。

ダイムラー・ベンツによるアメリカのクライスラーの買収、ドイツ銀行によるアメリカのバンカース・トラストの買収など、ＥＵ域内ばかりか、国際的な再編もすすんだ。

さらに、従来のヨーロッパの取引所、とくに大陸の取引所は、経済的機能はともかくその存在自体が文化に貢献するという意義があるといわれてきたが、そんな悠長なことはいってられなくなり、証券取引システムの統合がすすめられてきた。

単一通貨圏がつくられると、企業間競争やＭ＆Ａなどが激化することによって、証券市場の重要性が飛躍的に高まっていくからである。

さらに、多くの東欧諸国がＥＵに加盟した。東欧諸国の多くは戦前、ドイツ経済圏に組み込まれていた。フランスは、多くのアフリカ諸国を経済圏に組み込んでいるので、アジアは別としても、アフリカおよびユーラシア全体にわたる巨大な経済圏が形成されるかもしれない。

ＥＵ新基本条約の制定

二〇〇四年一〇月二九日に、ＥＵ拡大の成果をまとめる「ＥＵ憲法条約」の調印式がローマでおこなわれた。この「ＥＵ憲法」の概要は、次のとおりである。

①民主主義や人権擁護をすすめることで「多様性の中の統一」を実現する。
②ＥＵ大統領職の新設と外相職の創設による共通外交・安保政策を強化する。
③閣僚理事会の政策決定において「加盟国の五五％、ＥＵ総人口の六五％以上の賛成を条件とする二重多数決方式による決定分野を拡大する。
④欧州委員の定数削減による政策決定の迅速化・効率化の推進、欧州議会の権限強化をおこなう。
⑤各国議会と市民にたいする一定の政策審査と法案制定の権利を付与する。

本条約は、ＥＵ加盟国すべての批准によって、二〇〇六年一一月に発効することをめざすとされたが、二〇〇五年五月二九日にフランスで、六月一日にはオランダが国民投票で条約の批准が拒否された。その結果、「ＥＵ憲法条約」は、事実上廃案となっていた。

そうしたなかで、二〇〇七年六月、ブリュッセルで開催されたＥＵ首脳会議で、「ＥＵ憲法条約」にかわる「新基本条約」を制定することが合意された。この条約によって、より効率的で、民主的なＥＵの運営がはかられることが期待された。

「新基本条約」は、基本条約である「ニース条約」の改正という形をとったが、重要な部分は「憲法条約」を踏襲した。

ＥＵを代表する欧州理事会常任議長（ＥＵ大統領）のポストが盛り込まれたが、ＥＵ外相のポストは、国家主権を重視するイギリスに配慮してＥＵ上級代表とされた。外務省に相当する欧州対外活動庁が新設され、行政機関である欧州委員会の簡素化、各国から直接選挙で選出される欧州議会の権限強化もはかられた。

大国に有利という批判のある二重多数決方式の本格的適用は、二〇一七年まで延期されることになった。司法・内務政策の共通化、人権規定を定めた欧州基本権憲章の順守義務化については、強硬に反対するイギリスに「適用除外」がみとめられた。

ＥＵの外延的拡大

経済統合のいっそうの深化であるとともに、政治統合の一部にも踏み込む通貨統合は、当初、不可能といわれたが、ついに一九九九年一月に実現した。ＥＵは、通貨統合が実現したので、つづいて外延的拡大に本格的に着手することになった。

一九九九年一二月一〇日、ヘルシンキで開催されたＥＵ首脳会議で、スロバキア、ブルガリア、ルーマニア、ラトビア、リトアニア、マルタの六ヵ国とEUへの加盟交渉を二〇〇〇年早々にも開始することが決定された。EUはすでに、東欧・中欧諸国のEUへの加盟交渉の第一陣として、ポーランド、ハンガリー、チェコ、スロベニア、エストニア、キプロスと交渉を開始していた。

この首脳会議では、トルコについても、ギリシャとの領土問題などの解決を条件にして、正式な加盟候補国としてみとめられた。トルコの加盟候補国入りが難航したのは、EU諸国と宗教的・文化的な差が大きいこと、キプロスをめぐって対立するギリシャが最後まで難色をしめしたからである。

これらの加盟候補国は、二〇〇三年以降、加盟条件に適合した経済改革がすすんでいる順番に加盟が正式にみとめられることになった。

かくして、二〇〇四年五月に、ポーランド、ハンガリー、チェコ、スロベニア、エストニア、キプロス、スロバキア、ラトビア、リトアニア、マルタが一〇年ぶりにEUに新規加盟し、二五ヵ国となった。

EUには、二〇〇七年一月からブルガリアとルーマニアが加盟して二七ヵ国に拡大した。新規加盟は、東欧諸国など一〇ヵ国が加盟した二〇〇四年五月以来のことである。人口が約三〇〇〇万人増えて、約四億九〇〇〇万人の巨大経済圏となった。一三年七月にクロアチアが加盟してEU加盟国は二八ヵ国となった。

さらに、二〇〇七年一月にエストニア、〇八年一月にキプロスとマルタ、〇九年一月にスロバキア、一一年一月にエストニア、一四年一月にラトビア、一五年一月にリトアニアがユーロを導入し、ユーロ圏（ユーロを導入した国）は一九ヵ国まで拡大した。

ユーロが米ドルに対抗しうる国際通貨になるためには、巨大な経済規模、効率的で流動性の高い金融・証券市場、強大な軍事力など不可欠である。

一九ヵ国の寄木細工のようなユーロ圏は、統一国家ではなく、条約にもとづいて単一通貨ユーロを発行しているにすぎない。したがって、ユーロ圏が政治統合して、欧州連邦が設立されるまでは、最低限、国際基軸通貨としてのドルの役割がユーロに奪われることはありえない。

もちろん、すべての国家主権の超国家機関への移譲という政治統合など、そんなかんたんにできるはずもない。

EUの政策

成立以来、EEC・EC・EUは、加盟国の拡大という外延的拡大、ユーロ導入という質的拡大をとげてきた。一九九九年にユーロが導入されると経済的におくれたスペインやアイルランドなどがダイナミックな経済成長をとげた。

EUに新規に加盟することにより、投資や観光客が増えることで経済も成長することが期待された。さまざまな経済援助もおこなわれている。他方で、きびしい加盟基準も課せられる。たとえば、厳格な安全基準によって、危険な原発が閉鎖に追い込まれることもあったし、騒音基準をみたさない航空機が使えなくなって、肥料や農薬散布にかかわる中小航空会社が閉鎖を余儀なくされたこともあった。

汚職や組織犯罪、人身売買などの対策や司法改革がすすまなければ、EUからの補助金が一時停止するなどの制裁が科せられる。したがって、EUの拡大というのは、相対的に遅れた国の市民の生活水準の向上、地球環境への配慮、汚職がなく安全な国づくりなどにある程度貢献しているということができるであろう。

ヨーロッパでも広がってきた経済・所得格差を是正すべく、弱者の社会参加をうながす「社会的包摂」をすすめることで、EU首脳レベルにおいてすでに合意している。イギリスでは、利潤を追求しつつ、とくに長期失業者や障害者を多く雇用するなどして、社会的貢献も重視する「社会的企業」という考え方が注目された。

「働かない」元凶とされるフランスの週三五時間労働制も、一方では、ある程度効果をあげ、失業率が多少低下するのに寄与してきたともいわれている。

さらに、フランスでの労働時間短縮で、女性へのワークシェアリングがすすんだことで、男女の育児分担もおこなわれるようになり、出生率の上昇にある程度貢献した。週三五時間労働制というのは、たんに経済・経営という観点からではなく、少子高齢化対策という社会政策の観点からもみていく必要があるとおもわれる。

このようにみるならば、EU諸国は、失業率の引き下げと景気の拡大のために、日本の経済構造改革のように、アメリカ型の新自由主義経済政策を積極的に導入するという方向にはすすんでいないということがわかる。ドイツにしても、フランスにしても、社会的市場経済原理や福祉国家的な理念を堅持しているからであろう。

このようなことが可能なのは、EUというアメリカに匹敵する経済共同体、ユーロ圏というこれまた巨大な単一通貨圏を構築してきたからである。

EUは、平和でほんとうに豊かなヨーロッパの実現のために、加盟国を拡大することにより、市場拡大型経済成長を達成してきたし、EU「市民」の生活水準の向上をある程度はたしてきた。

加盟国には、きびしい環境保全基準、安全基準を課している。こうして、平和で安全、地球環境に充分に配慮したほんとうに豊かなヨーロッパをめざしてきた。

経済通貨統合完成への提言

欧州委員会、欧州理事会、欧州議会、ユーロ圏財務相会合（ユーログループ）、欧州中央銀行（ECB）は、二〇一五年に欧州経済通貨統合

（EMU）の完成をめざす「経済通貨統合の完成に向けて」と銘打った提言を作成・公表した（村上直久、前掲書）。

EMUの目的というのは、経済成長と物価安定の均衡のとれた繁栄、完全雇用と社会的進歩をめざす、競争的で社会的な市場経済を構築することであるが、残念ながらいまだ実現していない。そのため、提言はさらなる具体的措置をとることの必要性を強調している。EMUの完成年度は二〇二五年とされている。

具体的には、主として、次のような提言をおこなっている。

経済統合では、各国間での経済レベルの収斂、経済的繁栄の実現、社会的結束の実現をめざしているが、そのためには経済構造改革が必要である。具体的には、ユーロを導入した国であるユーロ圏内を対象とした「競争力強化機関」の設立を提唱している。

金融行政統合（銀行同盟）では、すでに実現している単一監督機関と汎欧州破綻処理機関にくわえて、汎欧州預金保険機関の設立が必要であるとしている。

財政統合では、ユーロ圏諸国での予算の作成と実施状況を評価する独立機関で、諮問的な役割をヨーロッパ・レベルではたす「欧州財務協議会」の設立を提言している。将来の課題として、「ユーロ圏財務相」の創設が必要だとしている。

通貨統合を完全なものにするには、財政統合が不可欠であるが、この提言では、同協議会が諮問的な役割をはたすにすぎず、不十分な提言であることは否めない。

ローマ宣言

二〇一七年三月二五日には、「ローマ条約」調印七〇周年を記念するEU首脳会議が、EU離脱を決めたイギリスをのぞく二七ヵ国首脳の参加のもと、ローマで開催された。

イギリスのEU離脱、欧州債務危機、移民・難民問題の深刻化、極右勢力やポピュリズム（大衆迎合主義）の台頭などで、EUの屋台骨がゆらぐなか、EUの結束をしっかりと確認するため、EUの原点である「ローマ条約」にいま一度立ち返ろうとするものである。

EUのトゥスク大統領は、「団結したヨーロッパこそが他地域との関係において主権あるヨーロッパたらしめ、主権あるヨーロッパこそ国家の独立と市民の自由を保障するものである」し、「EUは以前にもまして同じ原則にもとづいて団結した連合体でなければならない」とのべた。

宣言では、ヨーロッパは、紛争やテロ、移民・難民の流入、保護主義などによって、前例のない挑戦に直面しており、EU諸国が結束することの必要性が強調されている。

ここで注目すべきことは、統合への施策を各国の諸事情にあわせて実施する柔軟さ、すなわち、「同じ方向に向かいながら、必要なときに異なる速度や強さで行動する」として、「統合速度の多様化」をみとめていることである。

このローマ宣言の「統合速度の多様化」というのは、首脳会議に先立つ三月一日にユンケル欧州委員長が提示した「ヨーロッパの将来」という白書で、二〇二五年に向けた統合シナリオにえがかれている。

ヨーロッパの統合には、

①現状の維持、
②単一市場だけに統合を特化、
③統合をすすめたい国が推進し、統合速度を多様化、たとえば、防衛、治安など特定の分野で一部の加盟国による統合を先行させる、
④統合の政策領域を縮小、

⑤全加盟国一体となって統合をさらに推進、

という五つのシナリオがあるというものである。

ドイツのメルケル首相がいうように、「共通のヨーロッパを否定するものではない」であろうが、現代のドイツ〝帝国〟を十全なものとするためには、不可欠なことなのかもしれない。

それは、国際協調、自由貿易、地域統合の推進、民族・宗教による差別の禁止、移民・難民の受け入れ、フェイクニュースの禁止、など自由・平等・友愛という近代市民社会の大原則を堅持した平和で、ほんとうに豊かなヨーロッパを構築するためであろう。

欧州防衛共同計画

二〇一七年一月に誕生した米トランプ政権は、自国第一主義をかかげ、ヨーロッパ防衛のかなめである北大西洋条約機構（NATO）への軍事的関与に比較的消極的である。したがって、欧州通貨統合を強固なものにするためには、財政統合を不可欠の前提として、ヨーロッパが独自の確固とした防衛能力をもつことが必要である。

EU域内の防衛連携を強化していくことについては、イギリスが消極的であったが、イギリスのEU離脱の決定で、独仏主導で議論がすすんでいくものとおもわれる。

こうしたなかで、ドイツとフランスが主導して、EU内の防衛連携強化のための計画を取りまとめ、二〇一六年一一月にEUの欧州委員会から「欧州防衛共同計画」として提案された。この提案は、一六年一二月に開催されたEU首脳会議で承認された。

この計画によれば、欧州投資銀行（EIB）による防衛分野への融資の解禁、年間五〇億ユーロのあらたな防衛基金を創設し、ヘリコプターなどの共同調達などをすすめることになった。

基金とは別に、EUの二〇一七年予算で二五〇〇万ユーロの軍事研究開発費を、二〇年以降は年間五億ユーロに拡大し、加盟国が個別に拠出しているロボット兵器や暗号技術などの共同開発を促進する。

二〇一七年六月にEUの欧州委員会は、EU域内の防衛協力を強化するために、兵器の調達や研究開発資金を共同でまかなう「欧州防衛基金」の創設を提案した。一九年に発足し、二一年に年間五五億ユーロ規模をめざしている。

毎年五〇億ユーロをヘリコプターなどの兵器の共同調達やドローン（無人ヘリコプター）技術などの共同開発に、残りの五億ユーロを暗号化ソフトやロボット技術などの共同研究にあてる。

この基金を使って防衛装備の共通化をすすめ、加盟国がそれぞれに開発をおこなうことで生ずる年間一〇〇〇億ユーロの無駄を削減する。

（4）イギリスのEU離脱

イギリスの国民投票

二〇一六年六月二三日、イギリスのEUからの離脱の是非を問う国民投票がおこなわれた。投票の結果、離脱支持が一七四一万（五一・九％）、残留支持が一六一四万（四八・一％）と、一二〇万票以上の差がついて、離脱が承認された。

国民投票の結果を受けて、キャメロン首相は、「英国は新しい指導者が必要だ」とのべ、辞任を表明した。七月一三日にテリーザ・メイ氏が首相に就任し、EUからの離脱手続きをすすめることになった。

メイ首相は、二〇一七年一月一七日におこなった演説で、単一市場（域内市場統合）からの撤退、EU域内からの移民の制限、司法権の回復、ただし、EUとの防衛協力は継続するという一二項目をしめした。

二〇一七年一月二四日にイギリス最高裁は、EUの離脱手続きをおこなうには、議会の承認が必要であるという判決をくだした。したがって、政府がEUに正式に離脱を通知して、交渉をおこなうには、議会の承認が必要となった。

二月八日には、EU離脱法案が英議会下院を通過し、三月一三日に、議会上院での離脱法案の修正案を審議していた議会下院が採決し、法案が成立したことで、イギリス政府は、三月二九日にEU首脳会議でEU離脱を正式に通知した。

ついに、二年間のうちイギリスはEUを離脱することになった。

EU離脱の要因

どうして、イギリス国民は、EUからの離脱という決定をしたのか。

イギリスは、戦後の欧州統合のはじまりである欧州石炭鉄鋼共同体の結成に参加しなかった。石炭と鉄鋼の生産でヨーロッパ大陸諸国と競合していたからというのが直接の理由であるが、地球上で日の沈まないといわれた大英帝国（英連邦）の盟主たるイギリスが、フランス主導の地域統合ごときに参加するのは、プライドが許さなかったのかもしれない。

とうぜんのごとくイギリスは、欧州経済共同体（EEC）にも参加しなかった。イギリスは、EECに参加しなかった国々と欧州自由貿易協定（EFTA）を結成したものの、EECは設立してから経済が順調に成長したので、じきに、EECへの加盟申請をおこなった。しかし、当時のドゴール仏大統領の抵抗にあって加盟ができなかった。

イギリスが欧州共同体（EC）に加盟できたのは、一九七三年であった。EU加盟にあたって、加盟の是非を問う国民投票がイギリスでおこなわれたが、このときには、加盟がみとめられた。

EU加盟以降、イギリスは、独自の立場を堅持した。EU域内でヒトの移動な自由を定めた「シェンゲン協定」に参加せず、国境管理の厳格化をつづけた。イギリスの欧州統合への立場は、経済分野に限定し、国家主権は、各国に帰属するというものだからである。

したがって、市場統合（単一市場の形成）にさいしても国家主権の根幹にかかわる税制の調整では合意できなかった。統合が深化した通貨統合というのは、国家主権の根幹にかかわる通貨主権を超国家機関（ECB）に委譲するというものなので、「マーストリヒト条約」でイギリスだけは、統合参加条件をクリアしてもユーロを導入しなくてもいいという、オプトアウト条項の適用をみとめられたので批准した。

イギリス国内でも、ブリュッセル（EU本部の所在地）の官僚に支配されることにたいする反発が強いなかで、中東情勢の悪化で、移民ばかりか難民まで大量に流入してきたことにたいする国民の不満が高まっていた。こうしたなかでのイギリスのEU離脱であった。

総選挙での敗北

二〇一七年四月、イギリスのメイ首相は、EU離脱の交渉を有利にすすめるべく、強くて安定した盤石な政権基盤を構築するためとして、六月に総選挙をおこなうことをきめた。このときには、メイ首相率いる保守党は、議会で過半数を一〇〇議席以上も上回っていた。総選挙などをおこなう必要性はまったくなかった。

野党第一党の労働党は、党内不和などで支持率を大きく落としていた。メイ首相は、こうした絶好のチャンスに、総選挙に打って出れば、保守党が圧勝することは確実だとふんだのであろう。

総選挙では、労働党は、EUとの関係をより重視する姿勢をしめすとともに、富裕層への課税の強化などを主張して、支持率を持ち直していた。

メイ首相は、高齢者の介護費用の引き上げを主張したので、EUの離脱を支持していた高齢者が離反した。あわてて撤回したが、有権者は、政策のブレを嫌った。テレビでの党首討論への出演を拒み、国民との対話に消極的だとの印象もあたえた。

五月、六月と立て続けにテロ事件がおこると、メイ氏がキャメロン前政権の内相時代に予算をけずって警察官二万人を削減したので、治安が悪くなったと批判された。

六月八日におこなわれた総選挙の投票率は六九%と、二〇一五年の総選挙を二%も上回り一九九七年以来の高さであった。これは、EU残留をもとめる若者層が投票したからである。

総選挙結果は、与党保守党が、定数六五〇のうち、解散前の三三〇議席から三一八議席と過半数割れの敗北をきっした。野党労働党は、二二九議席から二六一議席に躍進した。

どの政党も過半数をとれないハングパーラメント（宙づり議会）といわれる状況におちいった。保守党は、過半数を確保するため、北アイルランドの民主統一党と協力することになった。

キャメロン前首相による、しなくてもいい国民投票の提起、メイ首相のしなくてもいい総選挙は、思惑がはずれた最悪の決定であった。総選挙敗北の結果、EU離脱交渉は困難をきわめた。

第三章　戦後ドイツ経済とドイツ再統一

第二次世界大戦後、西ドイツは、ルール重工業を抱え込むことができたので、一九四九年九月の建国直後からダイナミックな高度経済成長を実現した。西ドイツは、「廃墟から不死鳥のように甦った」といわれたが、なぜ早いうちに高成長が可能であったのか。

じつは、第二次世界大戦中にアメリカ政府内で、ドイツに戦争をさせないために重化学工業を潰し、農業国に転換させるという「モーゲンソー・プラン」が検討された。究極のドイツ封じ込め政策であろう。だが、世界史はそれを許さなかった。ドイツ軍の敗退とソ連軍の反攻で、東欧諸国がのきなみ「社会主義」化することが確実となったからである。

西ドイツを反「社会主義」の防波堤にしなければ、資本主義が侵食されるという恐怖にみまわれた。そこで、連合軍は、爆撃目標を軍事施設・軍需産業や重化学工業から大都市に変更した。ドイツも疎開などによって重化学工業を爆撃から守った。戦前の工業力水準が温存されたのはそのためである。

戦後、アメリカによる西ドイツへの経済援助（マーシャル・プラン）は、原材料や燃料などが中心であったので、残存重化学工業を「再回転」させることができた。戦後復興をおこなった西欧諸国も、ドイツの重化学工業を必要としたので、ドイツでは、ただちに高度経済成長が可能となった。

そのため、戦後復興による高度経済成長は、一九五〇年代末に終了した。西欧諸国は、ドイツ封じ込め政策として、ドイツをＥＣＳＣやＥＥＣに参加させたので、ドイツは高度経済成長終了後、広大な西欧市場を手に入れることができた。戦争責任をとるべく政治・軍事を捨てて、経済活動に特化したことが、ドイツの経済的苦境を救うことになった。

その後、ＥＥＣ／ＥＣ加盟国が増加してマーケットが拡大するとともに、一九七〇年代には、通貨安定のためのシステムである欧州通貨制度（ＥＭＳ）が機能し、八〇年代に入ると域内市場統合（単一市場）に突き進んだ。ドイツ連邦銀行が物価安定の金融政策を遂行したことで、物価安定のもとでの経済成長が実現した。

そして、ついに一九九〇年一〇月に悲願のドイツ再統一が実現した。

1　戦後の西ドイツ経済

（1）東西分割とドイツの復興

東西への分割

第二次世界大戦後のドイツの経済政策理念は、統制経済ではなく、経済活動を自由な競争原理にまかせるものの、社会的な不公平や不公正が出てきたら、国家が経済過程に積極的に介入するというものである。これが社会的市場経済原理である。

ドイツは、戦後、工業国で唯一、東西に分割されたが、資本主義国として生き残った西ドイツは、国民に高賃金・高福祉（もちろん負担も多い）、良質な住宅の低価格での提供などをおこなわなければ、その立国の国是を否定される立場におかれた。

というのは、まず西ドイツ（英米仏占領地域・ドイツ連邦共和国）が分離「独立」（一九四九年九月）してから、その後に、「社会主義国」東ドイツ（ソ連占領地域・ドイツ民主共和国）が「建国」（同年一〇月）されたからである。

ほんらいであれば、分割占領の目的が達成されたら、占領状態を解消して戦前のドイツにもどさなければならないはずである。ところが、冷戦下ではそれも不可能であった。ソ連は、東ドイツを「戦利品」とでもかんがえたのであろうか。そこで、英米仏は、みずからの占領地域を統合して西ドイツを「建国」し、まもなく「社会主義国」東ドイツが登場した。

じつは、ドイツの東西分割は、もうひとつおこなわれた。戦前のドイツ帝国の首都ベルリンである。ソ連占領下の東ドイツ地域のなかにあるベルリンも、英米仏ソの四ヵ国により分割占領された。ベルリンのソ連占領地域は東ベルリンとして、東ドイツの首都となった。

ただし、ベルリンの英米仏占領地域は、西ドイツが「建国」されても占領状態がつづけられ、西ベルリンとよばれた。したがって、西ベルリンで連邦議会議員として選出されても、西ドイツの連邦議会ではオブザーバーの地位しかあたえられなかった。

こうした分割下にあった「社会主義国」東ドイツは、少なくとも「建国」当初は、旧ソ連の支援もあって、建前上は「労働者」のための国作りをおこなった。低廉な住宅を大量に提供し、雇用機会を確保し、「失業」はなく、福祉も「充実」するとともに、託児所が完備されたので、女性の積極的な社会進出も可能となったといわれた。

じつは、これに、資本主義西ドイツも対抗せざるをえなかった。したがって、資本主義国であるにもかかわらず、西ドイツは、「社会主義」に対抗するために、労働者に「譲歩」せざるをえない立場におかれた。これを筆者の恩師である古川哲元法政大学教授は、「譲歩型」資本主義とよんだ。

とうぜん、企業収益は、「侵食」された。ドイツがヨーロッパの統合に積極的に参加しなければならなかったのは、そのためでもあった。

一九四八年の通貨改革

戦後の数年間は、ドイツでは、戦前来のライヒス・マルクが、ほとんど通貨としての役割をはたしていなかったので、インフレを克服し、経済復興を軌道にのせるために通貨改革は緊急不可欠となっていた。

そこで、英米仏占領地域で、一九四八年三月にアメリカの連邦準備制度を参考にして、各州にあらたに州中央銀行が、中央発券銀行としてドイツ・レンダー・バンクが設立された。

一九四八年六月二一日、ライヒス・マルクは(旧)西ドイツ・マルクと交換されたが、そのさいの交換比率は原則として、一〇ライヒス・マルク対一ドイツ・マルクであった。この通貨改革に対抗して、ソ連は、西ベルリンの封鎖をおこなった。西側は、航空機により西ベルリンに物資を輸送して、西ベルリンをささえた。

一九四九年八月に「西ドイツ・マルク開始貸借対照表および資本新決定に関する法律」すなわち企業資産再評価がおこなわれた。それは、通貨改革にともなうライヒス・マルクからドイツ・マルクへの切り替えが、企業の資産、資本・負債関係にも適用されなければならなかったからである。

この資産再評価の重要な点は、物的設備が二三・三%、在庫が二四・六%も過大に評価替えされたことにあった。資産再評価では、債権・債務の切り捨て率は比較的高かったが、自己資本と引当金の債権・債務の相対的に低い切り捨て、物的資産と在庫に有利な評価替えがおこなわれた。

このように、物的資産が有利に評価替えされたということは、大幅に生産を拡大しながら高率の減価償却ができるということであり、それはまた、戦時中の拡大再生産を「再現」するというものであった。

すなわち、温存された戦前の重化学工業水準のままでの高度経済成長が可能となったといえよう。

このように、膨大な利益のほとんどすべてを設備投資に投入することができた。戦後の混乱期であり、設備投資資金調達・供給のために存在するはずの金融・証券市場が十分に機能していないなかでは、経済成長にとって、きわめて重要な資本蓄積促進措置であった。

企業が自己資本と引当金の有利な評価替えと高率の減価償却が可能となったことで、一九五〇年代に西ドイツは、自己金融にもとづく大規模な設備投資もおこない、高度経済成長が可能となった。

一九四八年九月に西ドイツ、一〇月に東ドイツが成立し、ここに、西ドイツ資本主義の戦後史が開始された。

高度成長の実現

そのさい、東エルベ農業地帯が「社会主義」に離脱したということは、戦前のドイツ帝国の有していた統一的国内市場と産業構造が崩壊したということを意味しており、西ドイツは、食糧基地と広大な国内市場を失うことによって、戦前以上の重化学工業中心の輸出大国とならざるをえない運命におかれた。

さらに、東欧諸国の一連の「社会主義」への離脱によって、西ドイツは、経済活動の重点をそれまでの「東欧経済圏」から「西欧経済圏」にシフトせざるをえなかった。

西ドイツ経済の戦後の発展過程は、このふたつの事情に大きな影響を受けている。

第二次世界大戦後、名実ともに資本主義世界の盟主となったアメリカは、その戦後世界・ヨーロッパ戦略に西ドイツを位置付けて重化学工業の再建をはかった。それは、日本のように重化学工業を創出するものではなく、戦前来の重化学工業を再回転させるために、マーシャル援助によって、大量の燃料、原材料などを供給するというものであった。

一九五〇年に戦前の生産水準に到達した西ドイツは、五〇年代に高度経済成長を達成した。高度経済成長期の五〇～五八年の年平均実質国民総生産（ＧＮＰ）拡大率は七・八％であった。輸出も西欧を中心とする復興需要にささえられて増大し、五二年以降出超を記録した。また、高度経済成長の過程で失業率も五〇年の一〇・四％から五八年の三・六％にまで低下した。

この時期に高度成長が達成された要因は、次の点にある。

第一に、世界史的条件が変化し、日本と同じように西ドイツもアメリカによって「反共の防波堤」と位置付けられ、さまざまな援助を受けることができたことである。

第一次世界大戦後、ドイツに過重な賠償を科し、結果的にファシズムをもたらしたという教訓から、まず援助によって経済を復興させ、しかる後に賠償をとればいいとかんがえられたからである。

ただし、アメリカは、戦時中の極限まで拡大した生産設備能力から生み出される財の「はけ口」として、援助をおこなったということもまた歴史の事実である。そうしなければ、アメリカでは、「過剰生産恐慌」が勃発しかねない状況にあった。

第二に、戦争での生産設備の被害は意外に少なく、戦後、残存生産設備がかなりあったことである。戦時中の生産設備の疎開などもあって、ほぼ、戦前の設備水準が残っていたといわれている。じつは、それは、アメリカが戦後の「冷戦」到来にそなえて、ドイツの重化学工業を残すために、生産設備を爆撃目標からはずしたことによるものである。そのため、都市が爆撃目標になり、多くの人命が失われた。世界史の悲劇である。

第三に、西欧の復興需要が西ドイツの重化学工業製品を必要としたため、輸出が大幅に増大したことである。当初の高度経済成長は、戦前・戦中に大規模に投資された生産設備の「再利用・回転」によるものであった。もちろん、大規模な新規設備投資も活発におこなわれた。

第四に、東ドイツ農業地帯が「社会主義」国となったので、ほんらいであれば、労働力が不足し高度経済成長ができなかったはずであるが、皮肉にも、「社会主義」化した東欧諸国や東ドイツから移民・難民という形で労働力が大量に流入したことである。

東西ドイツの間には、国境があって直接西ドイツには入れなかった。ところが、西ベルリンというのは、米英仏の共同占領地域だったので、東ドイツ側から自由に入ることができた。同じ「社会主義」である東欧諸国のひとびとは、自由に東ドイツに入ることができたので、そこを通って西ドイツに流入したのである。

東ドイツ農業地帯を失ったので、ほんらいであれば、いびつな経済構造となるはずであったが、フランスから、なかば強制的に西欧統合に参加させられることによって、農業をフランスに依存することができるようになったことも経済成長に貢献している。

第五に、戦争に負けたので、経済の非軍事化が徹底的におこなわれ、民生部門の生産に特化することが可能であったことである。経済成長の阻害要因となる軍需生産を放棄させられることで、かえって、かなりの経済成長が可能となった。冷戦下でのアメリカと日独の体制維持国際分業のおかげである。

第六に、ドイツの高度経済成長の実現には、通貨改革にともなう企業資産再評価をはじめとしてさまざまな経済成長促進策がとられたことである。

このような戦後西ドイツにおける高度経済成長は、一九五七〜五八年不況を画期としていちおう終了した。高度経済成長が比較的短期間で終了したのは、それが、戦前・戦中に極限まで拡大した重化学工業設備をもう一度使うことによってもたらされたということ、さらに、ヨーロッパにおける第二次世界大戦からの復興需要が一段落したからである。

(2) 高度経済成長の終焉

安定成長への転換

高度経済成長終了後、西ドイツは、日本のようにアメリカにマーケットをもとめるというのではなく、一九五八年に設立されたEC(欧州経済共同体)に深く関与することによって、ヨーロッパのマーケットを基盤に「輸出大国」として再生の道を固めていく方向を選択した。ヨーロッパ諸国も統合によって、経済を発展させる方向を模索した。

その結果、一九六〇年代から七〇年代中葉にかけて西ドイツは、安定成長を実現した。

一九六〇年代に西ドイツが安定成長に移行した主要な要因は、高度経済成長というのが日本のようなあらたに巨額の設備投資をして景気を高揚させるというものでなかったことにある。そのほかの要因として、次の点を上げることができる。

第一に、ヨーロッパの戦後復興需要が一巡したこと、第二に、一九六一年の「ベルリンの壁」の建設によって安価で大量の労働力の確保がむずかしくなったこと、第三に、同一民族が「社会主義」に離脱したことにより労働者や市民の生活・福祉水準を向上させなければその立国の国是を否定されてしまうという立場におかれたこと、第四に、グローバルな規模では、ドル危機の顕在化などにある。

この時期には、適度の経済成長、完全雇用、物価の安定、国際収支の均衡という、同時に実現させることがきわめて困難とされるいわゆる「魔法の四角形」がほぼ達成されたことも事実である。安定成長といわれるゆえんである。

安定成長を促進するために、さまざまな経済成長促進政策、すなわち、政府による経済へのテコ入れ、対外直接投資の拡大、外国人労働者の招聘、などが実施された。

とくに、この時期には、高度経済成長の過程で過剰労働力が吸収され、また一九六一年の「ベルリンの壁」の建設による移民・難民の途絶によって労働力の逼迫が顕著となった。東側のひとびとは、それまで旧西ベルリンを経由して西ドイツに入れたが、東ドイツ政府が旧西ベルリンの回りに高い壁・「ベルリンの壁」を作ったので、それができなくなってしまった。

そのため、外国人労働者の招聘が政策的におこなわれ、被雇用者に占める比率も一九六〇年の一・三％から七三年の一〇・九％まで上昇した。この時期に失業率はゼロ％台になった。この完全雇用の状況からみて外国人労働者の招聘がなければ、安定成長の達成すら不可能であった。

労働力の逼迫と東ドイツへの対抗の必要性によって、「高賃金・高福祉（高負担）」がもたらされたが、同時に財政支出も増大した。さらに、公共投資と軍事費の拡大、などによって財政危機が顕在化した。

そのため、一九六七年に「経済安定成長法」が制定され、政府は、市場経済体制の枠内で、事態にそくした景気コントロールと経済安定への移行を義務付けられた。

経済の停滞

一九七〇年代に入ると、西ドイツ経済もオイル・ショック以降の世界経済の低迷に影響されて、景気の低迷がつづいた。一九七〇年代中葉までに景気後退したのは六七年だけであったが、この時期には、七五年に一・六％、八二年に一・〇％と二度の景気後退にみまわれた。

西ドイツ経済が停滞した国内的要因は、次のようなものである。

第一に、「高賃金・高福祉（高負担）」によって企業収益が圧迫されてきたことである。

戦前来の重化学工業地帯であるルール地方が帰属することによって、きわめて有利な出発条件にめぐまれた西ドイツであったが、他方で東ドイツへの対抗上、労働者の「高賃金・高福祉（高負担）」の達成が至上命令であるという、資本蓄積にとってマイナス要因を経済構造の内部に組み込むことを強制された。

ここに、すぐれて戦後的な政治的必要性が経済論理に優先する資本主義の一類型が成立した。これをして、古川哲元法政大学教授は「譲歩型資本主義」とよんだ。

第二に、対外直接投資の拡大によって国内投資が減少し、資本蓄積が停滞し、企業の自己資本比率も低下してきたことである。

第三に、労働力編成において、第二次産業の比率が低下し、「非生産的」な傾向が強まってきたこと、現代版徒弟制度であるマイスター制度では、急速に進展する技術革新や産業再編成に十分に対応しきれないことである。

第四に、教育制度上、高度の知識と技術をもちながらも、卒業がたいへんむずかしいので、大学卒業生が大量に社会に出ていかないことである。

第五に、銀行の企業への発言力が強く、そのため、ダイナミックな経済成長が阻害される傾向にあるといわれてきたことである。

このような要因によって、深刻な経済停滞にみまわれた西ドイツ経済も、一九八二年を転機として回復基調をみせ、八〇年代後半には、ECの域内市場統合をめざすヨーロッパ全体の経済成長にも触発されて、経済が成長するきざしがみられるようになってきた。

一九八〇年代中葉には、東欧諸国での自由化のうねりに触発されて、ついに八九年一一月に「ベルリンの壁」が崩壊し、九〇年一〇月には、悲願の東西ドイツ再統一が実現した。そのおかげで、ドイツには、統一景気がおとずれ、日本より少し遅れたものの、アメリカやヨーロッパ諸国の住宅・資産バブルよりも一〇年早く、住宅バブルが発生した。

2　社会的市場経済原理と経済運営

(1) 社会的市場経済原理の登場

社会的市場経済の源流

一九三〇年代初頭、ドイツの社会政策学会において歴史学派に対抗する形で新自由主義が台頭した。

このグループのなかで、ヴァルター・オイケンは、フライブルク大学を中心に形成されたフライブルク学派（オルド自由主義）に属し、アルフレート・ミューラー・アルマックやヴィルヘルム・レプケは、社会学的新自由主義（経済ヒューマニズム）の考え方をあきらかにした。

そのうち、アルマックがオイケンの考え方を取り入れて使った言葉が社会的市場経済（Sozialmarkt Wirtschaft）である。

じつは、この三人はともに北ドイツの出身で、プロテスタントの家庭で育ち、熱心なクリスチャンであった。マックス・ウェーバーのいう「プロテスタンティズムの倫理と資本主義の精神」を身に付けたこの三人が、第二次世界大戦後のドイツで、アメリカ型の市場原理主義に対峙する社会的市場経済原理という経済政策の礎を築いたということは、たんなる歴史の偶然ではないであろう。

フライブルク学派でも、社会学的新自由主義でも、ともに、人格の自由、市場経済、私的所有の擁護、反ファシズム、反国家主義という基本点では共通した考え方をもっている。

しかし、フライブルク学派が、経済秩序という側面に重点をおいて経済学的研究をおこなったのにたいして、社会学的新自由主義は、経済社会学的な考え方をもっていたのが特徴で、経済だけでなく、それをとりまく社会環境にも関心をよせて、社会、国家、法制、宗教、倫理などの研究にも力をそそいだ（福田敏浩「社会的市場経済の原像」『彦根論叢』第三二〇号）。

社会的市場経済の創始者の一人とされるアルマックは、一九三二年に出版した著書『資本主義の発展法則』で、経済国家の将来の可能な形態を議論するさいに、イタリアでのファシズムの展開から一定の手掛かりをえたといっているという。

ナチズムへのアンチテーゼ

それは、経済を完全に国家に編入することによって、国家は、それ自身として、私的なイニシアティブに、ふたたび比較的大きな活動範囲をみとめるような余地を自分のなかに獲得するようになるので、このような経済国家の将来の形態では、今日ではほとんど失われている個人のイニシアティブや責任という諸領域がふたたび強化されるからである（雨宮昭彦「一九三〇年代ドイツにおける『リベラルな国家干渉』論の展開（一）」『千葉大学経済研究』第一六巻第三号）。

このビジョンは、アルマックが一九三三年に出版した著書「新帝国における国家理念と経済秩序」によれば、マルクス主義的な国家論・経済理論とリベラルな国家論・経済理論の双方を、その考え方の基礎から克服し、国家論・歴史理論のあたらしいポジティブな形態によっておきかえるという作業から生まれたが、このビジョンに影響をあたえたのがローマでのファシズムとの出会いであるという。

このようにナチズムへのアンチテーゼとして第二次世界大戦後に構築された社会的市場経済原理の創始者のひとりが、じつは、ファシスト国家の「自由でリベラルな行為の諸領域の」復権というビジョンをもっていたようであるが、これは、この時期の経済的自由主義者の共通した関心であったといわれている。

第三の選択肢

こうして、一九三〇年代の経済的自由主義は、世界大恐慌とファシズムの経験をへて、レッセフェール自由主義でも、マルクス主義社会主義でもない、第三の選択肢に発展をとげた。もちろん、論者によってその認識は多様である。

アレキサンダー・リュストウは、一九三二年の社会政策学会で、経済の自然な進行に反する反動的な国家干渉主義と自由放任の古いリベラリズムに対峙する、あたらしい自由主義の第三の立場を主張した。レオンハルト・ミクシュは、一九三七年に秩序思想を欠いた経済的自由主義とも国家干渉を経済計画と等置する歴史主義的発展段階論とも異なる、あたらしい経済制度の構築について説いた。オイケンは、一九四二年に中央指導経済とも自由経済とも違った第三の道を提唱した。

このように、第三の選択肢は、論者によってとらえかたが異なっているが、共通に主張していたのは、国家干渉のあたらしい様式を導入することによって、この自由主義的な選択肢を刷新することであった。レプケもまた、自由主義と集産主義との永遠の対立の解決策として第三の道を提起した。

社会的市場経済の理念というのは、ドイツ歴史学派に対抗して形成されたフライブルグ学派のオルド自由主義に起源をもっている。

(2) 社会的市場経済の理念

社会的市場経済の定義

アルマックも社会学的新自由主義に属するが、第二次世界大戦後の西ドイツの経済政策の基本理念である社会的市場経済という言葉をはじめて使ったのは、アルマックであるといわれている。

アルマックは、マーケットにおける自由の原則を社会的平衡（安定）の原則と結合すること、競争経済を基礎として、自由の創意をほかならぬ市場経済の効率さによって保障される社会発展と結合することをめざすものを社会的市場経済と定義した。

ここで、アルマックの見解をみてみることにしよう（福田敏浩、前掲論文）。

ドイツのナチズムは、経済を国家に従属させることによって、社会問題の解決をはかろうとしたが、ナチス政府が場当たり的におこなった価格凍結や賃金凍結の政策は、市場経済の機能麻痺をもたらし、ついには、国家による資源の全面的割り当てを余儀なくされた。

経済統制は、干渉主義のいきついた最終にして究極の形態にほかならず、その結果、経済生活における個人の自由が抑圧され、物心両面での国家への隷従がしいられた。このようにナチズム経済を規定することによって、自由の価値に合致する経済システムとしての市場経済と社会的安全という、ふたつの価値観が提示される。

すなわち、経済的自由と社会的安全の結合、あるいは自由主義秩序と社会的安全の真の結合という価値観が提示されたのは、市場経済、すなわち市場価格メカニズムには、社会的諸問題を解決する能力はないので、ひとびとの生活をおびやかす失業や貧困、環境破壊などは、社会的に解決しなければならないからである。

社会的市場経済原理の社会的という言葉には、社会的解決という意味が込められている。社会的安全には、市場経済が暴走することによって生ずる、さまざまな諸問題を事前にコントロールするという重要な意味も込められている。

政策体系の概要

社会的市場経済の政策体系の特徴のひとつは、国家による経済への干渉をみとめていることである。ただし、経済への干渉は、統制経済と違って、全体的秩序理念を基礎にした市場整合性の原則にしたがって、おこなわれなければならない。

具体的には、ひとつは、たとえば、「独占禁止法」などのような市場価格メカニズムのインフラにあたる経済秩序の形成を目的とするものである。このような経済秩序は競争秩序とよばれている。

さらに、国家は、社会にたいしても積極的に干渉する。国民に自由で安全な生活を保障できるような社会秩序の形成をめざした社会政策を遂行する、というのも国家の役割である。

もうひとつは、社会政策の推進であり、それは、自由と安全の保障からなっている。具体的には、市場経済を国家、社会、技術、法律のなかに組み込むとともに、これらの領域の間に内的調和をもたらすというものである。

また、市場経済を野放しにすると、人間疎外のような精神世界のプロレタリア化をまねき、所得格差や貧富の差、失業などが生み出されるので、国民に安全な生活を保障するために、社会的なアンバランスを是正しなければならないということである。

社会政策の内容というのは、次のようなものである。

第一に、自由の実現、すなわち、財産形成制度などの平等なスタート条件の設定、および自営業者や中小企業者など中間層の自立支援政策などの自立の促進である。

第二に、経済の社会的制御、すなわち環境政策、人的資本の育成、教育政策、防災、保健衛生の改善、社会環境の整備、都市政策、エネルギー政策などの市場経済の生活様式への囲い込み、および共同決定、利潤形成・分配への参加、田園都市政策などの脱プロレタリア化などである。

第三に、社会的バランスの実現、すなわち国家財政による所得再分配政策、失業対策と完全雇用をめざす景気政策、およびインフレ対策としての所得政策や通貨価値安定政策、国民生活の安定化のための最低賃金・扶養手当・社会（公共）住宅・各種の社会保障等の生活の安定化などである。

このような、社会的市場経済原理にもとづいて、戦後ドイツの経済政策が策定され、実行されてきた。

ドイツ連邦銀行の通貨価値擁護

社会的市場経済原理が厳格に適用されたのが、中央銀行の金融政策の分野であった。したがって、ユーロ導入までドイツの中央銀行であったドイツ連邦銀行は、その唯一の使命が通貨価値の擁護とされた。

通貨価値を擁護するというのは、通貨の価値を損なう、すなわちインフレを阻止するというものとかんがえられる。そうだとすると、消費者物価が持続的に下落するデフレというのは、通貨価値が棄損するわけではないので、中央銀行がその克服に責任をもたなくてもいいということになるかもしれない。

古典的恐慌期では、デフレをともなうことが多いが、それは、恐慌から離脱することでしか克服することができない。もちろん、なんらかの理由で通貨供給量を激減させたら、デフレにおちいることもあるかもしれないが、そのばあいには、中央銀行は、強烈な金融緩和をおこなうことでデフレを解消できるはずである。

したがって、ユーロが導入されるまでのドイツ連邦銀行は、もっぱらインフレを阻止する、すなわち通貨価値の擁護に専念してきたとかんがえられる。

それは、ハイパー・インフレが生ずると、営々として築き上げてきた庶民の預金が目減りしたり、失われたりする一方で、政府や企業の借金が「自動的」に減ったり、一挙になくなったりするからである。政府・金融当局の政策の失敗で庶民が深刻な被害を受け、企業がインフレ利得を獲得するというのは、典型的かつ究極の社会的不公平である。

こうして、庶民には、その原因にまったく責任がないのに、国家や企業によって過去の労働が「合法的」に「収奪」されないように、ドイツでは、戦後、一貫して物価安定の金融政策がとられてきた。それができるのは、通貨価値に金の裏付けのない管理通貨制下では、中央銀行だけだからである。

欧州通貨統合でも、この原理は、欧州中央銀行（ＥＣＢ）に厳格に継承されている。

社会的市場経済実現の大前提

第二次世界大戦後、ドイツが社会的市場経済という経済政策を策定・実施できたのは、戦後ドイツが西欧の統合に参加することができたからである。統合に参加することによって、相対的に強力なドイツの重化学工業が高収益をあげることが可能となり、その利益の一部を労働者や庶民に還元することができた。

日本ではついに実現できなかった経済原理であるが、どうして戦後のドイツで実現できたのであろうか。冷戦体制の構築が、ドイツをして西欧の統合への参加を強制したからにほかならない。

ドイツは、戦後、西欧の統合に組み込まれたおかげで、地理的にも、質的にも広大化・深化する西欧経済圏のなかで経済成長を達成することができた。相対的に強力な国際競争力を有するドイツ重化学工業の独壇場だからである。

ドイツは、ＥＥＣ／ＥＣ／ＥＵ域内分業体制ともいうべきものを構築し、輸入もかなり多く、輸出依存度が日本などよりはるかに高いにもかかわらず、あまり文句をいわれることはない。

一九七〇年代末には、欧州通貨制度（ＥＭＳ）を結成し、ついには、単一通貨ユーロを導入したので、為替差損もあまりない。

むしろ、相対的に経済力のあるドイツが、経済力の低いギリシャなどとともにユーロを導入したので、ユーロが相対的に過小評価され、そのことにより、ドイツはかなりの利益をえている。ここに、ドイツにとって、ユーロ導入の大きな意義がある。

したがって、ドイツでは、高負担を前提としているとはいうものの「高賃金・高福祉」、六週間の連続有給休暇の付与などが可能となったのである。

3　東西ドイツの再統一

(1) ドイツ再統一へ

東西ドイツ再統一への道　一九八九年一一月に「ベルリンの壁」が崩壊すると、急速に再統一の機運が高まった。東西ドイツを統一する方法には、ふたとおりあった。

ひとつは、「基本法」第二三条による方式である（宮沢俊義『世界憲法集』岩波書店、一九八〇年）。「この基本法は、さしあたり、バーデン、バイエルン、ブレーメン、大ベルリン、ハンブルグ、ヘッセン、ニーダー・ザクセン、ノルドライン＝ヴェストファーレン、ラインラント＝プファルツ、シュレスビッヒ＝ホルシュタイン、ヴュリユッテンベルグ＝バーデン、ヴュリユッテンベルグ＝ホーエンツォーレンの諸州の領域に適用される。それは、ドイツの他の領域については、その加入後効力を生ずるものとする。」

この規定によれば、東ドイツの国会で統一宣言を出した後に、東西ドイツ分割以前の州制度を復活し、各州が一緒になって西ドイツに編入するという方法がとられることになる。実際に東西ドイツ統一に採用された方式はこれである。

もうひとつは、第一六四条方式といわれるもので、「この基本法は、ドイツ国民が自由な意思で決定した憲法が施行される日に、その効力を失う。」（同書。ただし、訳語を変更）という条文にもとづく。

この方式によれば、まず、東西ドイツ合同の政府、議会委員会で協議すると同時に、アメリカ、ソ連、イギリス、フランス、そして東西ドイツの六ヵ国会談をへて、ドイツ統一評議会を作り、新憲法を採択するということになる。そして、この新憲法を国民投票にかけ、それにもとづいて統一ドイツとしての国会議員選挙をおこなうという手順をふむことになる。

東ドイツの総選挙において、社会民主党が主張してきた方式である。前者の方法が西ドイツによる吸収であるのにたいして、「対等合併」という色彩が強くなり、統一にあたって、東ドイツの主張や利益が多少は擁護されることになるからである。

西ドイツへの東ドイツの編入決定

東ドイツでは、一九五二年に州制度が廃止され県制度が導入されていた。

そのため、一九九〇年七月二二日、東ドイツ人民議会（国会―一院制）は、当時の東ベルリンをふくむ一五の県を廃止して、メクレンブルクフォアポンメルン、ブランデンブルク、ザクセンアンハルト、チューリンゲン、ザクセン五州を復活させるための「州制度導入法」を可決した（ただし、東ベルリンは西ベルリンに統合された）。

これによって、州を単位とした西ドイツへの編入を想定している「基本法」第二三条にしたがった東ドイツの西ドイツへの編入が可能となった。

七月二六日、東西ドイツ議会合同のドイツ統一委員会は、東西ドイツ統一総選挙を一二月二日に共通の選挙法で実施することで基本的に合意した。八月二日に東西ドイツは、統一選挙協定に調印した。

東ドイツでは、西ドイツと同じように、小選挙区比例代表制を導入したが、東ドイツの少数政党を救済するために、「五％条項（五％未満の得票率の政党に議席をあたえない）」の適用に関して、あらたに友党間の得票率の合算や候補者リストの連結がみとめられることになった。だが、この協定は、八月八日の東ドイツ人民議会で否決された。

こうしたなかで、八月三日にデメジエール東ドイツ首相は、東西ドイツ統一選挙を一〇月一四日に繰り上げて実施することを提案した。その背景にはやはり、東ドイツの社会・経済危機が予想以上に深刻化してきたことがあった。

ところが、選挙の繰り上げ実施には、西ドイツ「基本法」の改正が必要であり、西ドイツの社会民主党がそれを拒否したために統一選挙の繰り上げ実施は断念された。

八月一五日、デメジエール東ドイツ首相は、東ドイツの農産物、工業製品の販売不振、社会不安の増大の責任をとらせるべく大蔵大臣と食糧農林大臣の解任、経済大臣と法務大臣（「社会主義統一党」政権下で法相をつとめた経歴があり、辞任の要求が強かった）の辞任を発表した。

この措置に抗議して八月一九日、東ドイツ社会民主党は、連立政権からの離脱と、蔵相をふくむ同党所属の閣僚七人および政務次官全員の辞任を決定した。

結局、首相をのぞく二三の閣僚のポストのうち九つが空席となったが、このポストはすぐには補充されなかった。このように、新閣僚を任命しないという異常事態におちいっても、大勢にさほど影響がなかったのは、すでに東ドイツ政府は、行政機関としてはほとんど機能していなかったからである。

そして、ついに八月二二日、東ドイツ人民議会は一〇月三日に、西ドイツ「基本法」第二三条にもとづいて東ドイツが西ドイツに編入されることを、賛成二九四、反対六二、棄権七の三分の二以上の多数で可決した。

編入の時期は、「基本法」のもとに入る東ドイツ側が決定することになっており、これによって東西ドイツ統一の日が確定することになった。一〇月三日となったのは、ドイツ統一の国際的枠組みをきめる六ヵ国外相会議の結果を、一〇月一・二日にニューヨークで開かれる全欧安保協力会議外相会議で説明し、了承を受けた翌日ということであった。

この東西ドイツ統一の前提は、①六ヵ国外相会議が九月一二日のモスクワ会議でまとまり、②東西ドイツ間で東ドイツ国民の利益を確保するための統一条約が批准され、③統一ドイツの連邦の構成単位となる州制度が一〇月一四日の選挙によって東ドイツに復活すること、であるとされた。

こうして、一〇月三日に東ドイツの西ドイツへの編入が完了した後、一二月二日の総選挙をへて統一ドイツ新政府が発足した。

八月三一日に「第二国家条約」が調印された。この条約は、東西ドイツ統一にとって不可欠のものではないが、東西ドイツ政府はこの条約をあえて「統一条約」とよんだ。

それは、総選挙を前にして統一をみずからの手で成し遂げたとアピールしたいコール西ドイツ政権と、東ドイツの利益確保に固執したデメジエール東ドイツ政権の思惑が一致した結果であるといわれている（『日本経済新聞』一九九〇年九月一日）。

（2）ドイツ統一の国際的承認

外相会議での最終合意

一九九〇年九月一二日、第四回の六ヵ国外相会議がモスクワで開催された。ここで、ドイツ統一の国際的枠組みが取り決められた。この外相会議では、①統一ドイツの軍事同盟の帰属問題、②国境問題、③形式上四ヵ国の共同管理下にあるベルリンの地位について、④四ヵ国の権利解消について、討議された。

この外相会議で東西ドイツの統一が国際的に承認され、一〇月三日のドイツ統一の条約など国際的前提がすべてととのった。

この外相会議での最終合意の概要は、次のとおりである。

①前　文

六ヵ国は、ドイツ国民が自決権を自由に行使して統一欧州において平等な主権をもった成員として、世界の平和に貢献するためにドイツの国家的統一を回復する意思を表明したことをみとめ、統一ドイツが最終的に国境を有する国家として欧州の平和と安定に重要な貢献をおこなうことを確信する。

ドイツ問題に関する最終規定をまとめるために、その規定と民主的で自由な国家としてのドイツ統一によって、戦勝四ヵ国のベルリンとドイツ全体にたいする権利と責任がその効力を失うことを認識したうえで、以下の一致をみた。

②統一ドイツの領域

統一ドイツは、西ドイツと東ドイツと全ベルリンをふくむ。統一ドイツの国境は、東ドイツと西ドイツの国境となる。ドイツ国境はこの最終合意の発効日に最終的に決定する。統一ドイツ国境の最終的確認は、欧州における平和の重要な構成部分である。

統一ドイツとポーランドは、国際法上拘束される条約によって両国間の国境を確認する。

統一ドイツは、他の国にたいして領土要求をおこなう意思を現在、一切もっておらず、将来も領土要求をおこなわない。

③武力不行使

東西ドイツ政府は、ドイツの国土からは平和のみが生れるとの宣言を確認する。

東西ドイツ政府は、統一ドイツが憲法および国連憲章にしたがって、けっして武力を行使しないことを宣言する。

④国防力

東西ドイツ政府は、核、生物、化学兵器の製造、保有、使用を放棄することを保証する。両政府は、統一ドイツもこの義務にしたがうことを宣言する。

一九九〇年八月の欧州通常戦力交渉での西ドイツ政府による「西ドイツ政府は統一ドイツの戦力を三〜四年以内に三七万人の兵力まで削減することを誓約する」という声明に東ドイツ政府は、はっきりと賛意を表明した。

統一条約の批准　一九九〇年九月二〇日、東ドイツ人民議会で統一条約批准の最終審議がおこなわれ、賛成二九九、反対八〇、棄権一の三分の二以上の賛成多数で批准した。

同日、西ドイツ連邦議会でも賛成四四二、反対四七、棄権三の三分の二以上の賛成多数で統一条約が批准された。連邦議会で批准された瞬間、いっせいに国歌――「祖国ドイツのための、統一と権利、そして自由」――の歌声が沸き起こったという。

翌日、西ドイツ連邦参議院でも、統一条約が全会一致で承認され、ここに、東西ドイツ統一のための両ドイツでの手続きはすべて完了した。

その後、統一ドイツは、次のように推移した。

九月二五日、東西社会民主党の合同大会のハンブルグでの開催。

一〇月　一日、東西キリスト教民主同盟の合同大会のハンブルグでの開催。

同、全欧安保協力会議外相会議のニューヨークでの開催（二日まで）。

三日、東ドイツの西ドイツへの編入（東西ドイツ統一）。
一四日、東ドイツ州議会選挙。
一一月一九日、全欧安保協力会議首脳会議のパリでの開催（二一日まで）。
一二月　二日、統一ドイツ連邦議会選挙（総選挙）。
一月　一日、新連邦議会招集、ドイツ新政府の発足。

4　脱原発と現代のドイツ経済

(1) 福島原発事故で脱原発

脱原発の最初の決定

一九九八年九月の連邦議会選挙の結果、社会民主党（SPD）と緑の党の連立政権が発足すると、ドイツは、いっきに脱原発に舵を切ることになった（本田宏「原子力をめぐるドイツの政治過程と政策対話」『経済学研究』六三巻二号）。両党の連立協定にしたがって、一九九九年一月から脱原子力交渉が開始された。完全非公開であるとともに、参加者は、政府と電力会社に限定されていたので、交渉は、電力業界に有利にすすめられたといわれている。

とはいえ、二〇〇〇年六月一四日に、ドイツ社会民主党・緑の党の連立政権と大手電力会社四社との間で脱原子力政策についての協定がかわされ、ドイツでの脱原発政策が開始された。

この協定（合意）にもとづいて、「脱原発法」が二〇〇二年に発効した。同法によって、当時、一九基あった原子炉は平均三二年の運転期間とされ、二〇二二年までにすべての原発が順次停止されることになった。

イギリスとフランスとの使用済み核燃料の再処理契約は、二〇〇五年六月末で終了することになった。二〇〇五年九月におこなわれた連邦議会選挙の結果、アンゲラ・メルケル氏を首班とするキリスト教民主同盟（CDU）／キリスト教社会同盟（CSU）と社会民主党（SPD）の大連立政権が誕生した。ここでは、脱原発を主張するSPDとの連立政権であったために、メルケル政権は、とりあえず前政権の脱原発政策を継承せざるをえなかった。

脱原発の撤回

ところが、二〇〇九年九月の連邦議会選挙の結果、首相にメルケル氏が留任したものの、CDU／CSUとSPDとの連立政権が解消されて、あらたにCDU／CSUと自由民主党（FDP）の連立政権が登場した。ここで事態が一変することになった。

二〇一〇年一〇月に、SPD、緑の党、左翼党の反対を押し切って、原発の運転期間の延長をみとめる法案が成立した。

メルケル首相は、「原子力エネルギーより、（従来型エネルギーにかかわる）鉱山のほうが死亡者は多かった」とか、原子力産業においてもっとも危険なプルトニウムについて、「コントロール可能」といったという（ラルフ・ボルマン著、村瀬民子訳『強い国家の作り方』ビジネス社、二〇一四年）。

脱原発政策がひっくり返ったことで、反原発運動がますます燃え上がり、二〇一〇年九月にベルリンでおこなわれた反原発のデモには、五万人以上が参加した。

こうして、ドイツで脱原発のうねりには、根強いものがあったなかで、東日本大震災が発生し、福島第一原発事故がおこった。

原発事故発生の二〇一一年三月一一日（金曜日）の時点で、すでにメルケル首相は、ドイツの原子力の将来について「もう終わりだわ」と内輪で話したという。だから、メルケル首相の決断は素早かった。

大震災から三日後の三月一四日に、ドイツで開催された反原発の全国集会に一一万人あまりが結集したことに触発されたのか、翌一五日にメルケル首相は、ドイツにおける原発の運転期間延長の凍結、すでに事故つづきで停止していた一基をふくむ八基の原発の運転を当面停止すると発表した。

反原発のうねりは、ドイツ全土に広がっていった。三月二六日には、ドイツ史上最大の二五万人、四月二五日には、復活祭休日デモに一二万人、五月二八日の全国デモには一六万人が参加し、脱原発のうねりはその頂点に達した。

脱原発の再決定

こうした状況のもとで、メルケル首相は、脱原子力を加速する政策を検討するために、「安全な電力供給の倫理的側面に関する委員会（脱原発倫理委員会）」の設置をきめた。同委員会は、二〇一一年五月三〇日に報告書を提出した。

同委員会による検討と並行して、技術者らによる原子炉安全委員会（ＰＳＫ）は、福島第一原発事故を受けて、ドイツ国内の原子炉の安全評価をおこなった報告書を五月一六日に提出した。この報告書によると、ドイツの原発は、航空機の墜落をのぞけば、比較的高い耐久性を有しているというものであった。

専門家の報告書であって、ほんらいであれば、安全性がみとめられたので、原発の稼働をつづけるとなるはずである。ところが、なんとメルケル首相は、ＰＳＫ報告にはしたがわなかった。脱原発は、メルケル首相の歴史的英断ということができるであろう。

かくして、ドイツは、脱原発に大きく舵を切ることになった。

六月六日に、停止中の八基の原発を即時閉鎖し、残る九基は、二〇一五～二二年にかけて五段階で閉鎖するというエネルギー転換政策を閣議決定した。六月三〇日には、連邦議会で左翼党をのぞく全政党の議員の賛成で「脱原発法」が可決された。七月八日には、連邦参議院を通過し、法律が成立した。

ここでドイツでは、脱原発の期限が、二〇二二年中に前倒しされることになった。

一度は脱原発を止める決定をしたメルケル首相が、福島第一原発事故が発生するや、すみやかに脱原発に一八〇度の大転換をおこなった。日本だと、さしずめ首相の発言が「ぶれた」と批判されるかもしれない。ところが、メルケル首相には、なんの汚点も残らなかったという（ラルフ・ボルマン、同書）。

ドイツの脱原発の理念

メルケル首相は、「日本で発生したあの劇的な事故は、私個人の転機になりました」、「日本のような高度な技術をもった国でも、原子力エネルギーのリスクを制御できないと気づかされたのです」と語っている。

メルケル首相は、原子力というものについて、次のようにのべている。

「原子力に関し、どんなに安全を追求しても残る危険性を許容できるのは、ヒューマンファクターによって大事故が生じないと確信する人だけです。けれども、もし大事故が起きてしまったならば、その結果は、空間的にはもちろん時間の次元でも破壊的ですので、そのリスクは、ほかの代替エネルギーをはるかに上回ります。」

メルケル首相の発言できわめて注目されるのは、そのさいに、地震や日本で起きた規模の津波が、ドイツでありうるかどうかは問題にならないといったことである。

歴史的にみても未曾有の福島第一原発事故にみまわれた日本では、性懲りもなく原発再稼働がきめられているのに、専門家から航空機の墜落をのぞけば、比較的高い耐久性をもっているとされたドイツが、脱原発に踏み込んだのである。

(2) 環境保護運動の高揚

東ドイツの環境汚染

「社会主義」というのは、労働者が搾取と収奪にあえぐ資本主義にかわる労働者にとっての「天国」であり、労働者の生命・健康・財産を手厚く保護し、地球環境も徹底的に保護するという、より「高次」の経済体制のはずであった。

ところが、現実に世界史に登場した「社会主義」国の多くは、まったく逆であった。「社会主義」国を標榜した東ドイツは、大気・河川の汚染も産業廃棄物・有害物資の投棄にもまったく頓着しなかった。

政治的自由が完全に失われていたので、環境保護などを訴えようものなら、ただちに秘密警察につかまり監獄に入れられた。社会主義統一党（共産党）独裁政権のやり放題だったのである。

農業も生産性を上げるために、危険な化学肥料や農薬も平気で使った。安全な有機農法などおこなうと、農業生産性はきわめて低くなってしまうからである。

貴重な西側外貨は、西側の優秀な機械設備の購入にあてなければならなかったので、食料を輸入する余裕などあるはずもなかった。化学肥料や農薬などをふんだんに使えば、農業生産性は高まる。こうして、東ドイツの食料自給率は、その末期に一〇〇%を達成した。

戦後、東ドイツ国民は、「社会主義」国への選択を強制された。その結果、労働災害が頻発し、空気や河川が汚れ、土壌や飲み水も汚染され、化学肥料や農薬漬けの食料を食べさせられたので、戦後わずか四〇年で西ドイツ国民より平均寿命が四年も短くなったという。

環境保護運動の高まり

このように、旧「社会主義」国の環境破壊がすさまじいものだったこともあって、一九六〇年代から七〇年代に北海で奇形の魚が発見されるようになった。西ドイツ南部のシュワルツバルト（黒い森）という大森林地帯の森の多くが、環境汚染による酸性雨で枯れてしまった。そこで、多くの西ヨーロッパの市民は、美しい海や森林・河川を守れと立ち上がったのである。

ドイツなどでは、ゴミの分別回収はもちろん、ゴミを出さない（ゼロ・エミッション）ということが徹底されている。企業の環境対策も充分おこなわれ、環境に配慮していない企業の製品を買うひとはまずいない。というより、店頭にならぶことがない。

エネルギーも技術的に未完成の原子力発電は全廃し、代替エネルギーの導入を積極的におこなっている。太陽光発電や風力発電が普及し、現在では、なんとエネルギーの三割にも達している。

ドイツには、巨大都市がないので、日本のようなヒートアイランド現象はあまりないようである。環境税が導入され、太陽光発電や風力発電の促進にも使われている。国土回復・環境保全の公共投資などもおこなわれている。

とくに、ゼロ・エミッションが積極的に推進されている。デパートの過剰包装などない。デパ地下でもスーパーでも、買って帰れば、ゴミにしかならないトレーはあまり使わないし、買い物袋をただではくれない。ゴミの分別回収は徹底しているが、まずゴミを出さないことをかんがえている。

ドイツでは、最近では、顧客が入れ物をもっていき、さまざまなものを量り売りで買っているという。これは、つい最近まで、日本でおこなわれていたことである。豆腐などは、入れ物をもって豆腐屋さんに買いにいったものである。日本でも、スーパーやお店屋さんでは、量り売りをおこなったほうがいい。

このように、温暖化防止のために、自然エネルギーに大転換するとか、かつての日本の「もったいない」とか、節約とか、浪費しないとか、モノを大事に使い、壊れたら修理して使うというのが、ドイツ人の考え方である。このようなことは、地球環境保全に決定的に重要なことである。

しかしながら、個人消費を極限まで切り詰めるのであるから、これでは、あまり経済が成長しない。日本やアメリカでは、あまりかんがえられない。ところが、ドイツ人は、経済成長のためだとして、このような考え方や行動をあらためないようである。

英仏でのガソリン・ディーゼル車販売禁止

国際エネルギー機関（ＩＥＡ）によると、二〇一六年の電気自動車（ＥＶ）などの新車販売は七五万台超で、累計では二〇〇万台を超えたという。予測では、二〇年には最大で二〇〇〇万台、二五年には七〇〇〇万台に急増するという。

こうしたなかで、二〇一七年七月にフランスにつづいてイギリスでも、四〇年までに、国内でのガソリン車とディーゼル車の販売を禁止する方針を決定した。

中国もガソリン車の販売禁止をおこなうという。中国では、とりわけ深刻な大気汚染に悩まされているからである。ガソリンや軽油を燃やして走る車を全廃すれば、大気汚染問題がかなり軽減される。オランダやノルウェーでも二〇二五年以降のガソリン・ディーゼル車の販売の禁止を検討中である。世界は、百数十年つづいたガソリン・ディーゼル車にかわって、電気自動車の時代に突入した。

ところが、自動車大国のドイツでは二〇一六年に二〇三〇年までにガソリン車などの販売を禁止する決議が国会で決議されたものの、法制化はなされていない。ドイツにおけるＥＶ化の取り組みは、遅れているといわざるをえない。

それは、ドイツは、ディーゼル車やガソリン車で強みを発揮しており、フォルクスワーゲン（ＶＷ）は、二〇一六年には世界販売で首位であった。したがって、ディーゼル車のエコカー戦略をすすめてきたこともあって、ＥＶへの転換がしにくいのである。

独ＩＦＯ研究所によれば、ガソリン・ディーゼル車を禁止すれば、国内で六〇万人の雇用が失われるという。環境保全先進国を自任してきたドイツが、電気自動車の普及で英仏など他国の後塵を排している。ＥＶへの転換は、世界史の趨勢である。その先陣を切っているのが英仏であろう。

ドイツ政府は、ガソリン・ディーゼル車で高い国際競争力を保持してきたがゆえに、イギリスのようにかんたんには、ＥＶに舵を切れないのであろう。もちろん、二〇一七年九月一一日にＶＷは、二五年までにＥＶを五〇車種投入すると発表したように、自動車企業がみずからＥＶへの転換をすすめている。ガソリン・ディーゼル車の販売禁止は、独仏中につづいて多くの国で緊急に導入されるはずである。ドイツでも急速にＥＶ化が進展していくものとおもわれる。

（3）有給休暇と構造改革

六週間の有給休暇

ドイツでは、「連邦休暇法」によって、社員にたいして、最低二四日間（土日をのぞく）の年次有給休暇を付与することが義務付けられている。そのうえ、多くの会社では、これより六日間多い年間三〇日をあたえているという。土日をいれれば六週間である。

さらに、医師の診断書があれば、最長で六週間まで病欠がみとめられ、とうぜんのごとく、給料も支払われる。だから、極端なばあい、一二週間の長期連続有給休暇もとれないことはない。なぜか、有給休暇の前後に病気になるひとが多いようである。

ＯＥＣＤによれば、二〇一二年の労働者ひとりあたりのドイツの生産性は五八・三ドル、日本は四〇・一ドルである。労働時間が短く、有給休暇が多いのと、ドイツの生産性が高いことに、因果関係があるかどうかわからない。

ドイツでは、労働時間が短いので、その間に、ドイツ人は、集中的に仕事をするおかげで、生産性が高いといわれている。おそらく、長期休暇を楽しみにして、仕事を頑張るからかもしれない。

長期の有給休暇があれば、家族などで長期滞在型のバカンスを楽しむこともできる。地方に滞在することになるだろうから、地方の活性化にもつながる。家族のきずなも強まるし、親父の権威も高まるかもしれない。

ドイツ版経済構造改革

ゲアハルト・シュレーダー政権（当時）は、「ハルツ改革」などによって、抜本的な経済構造改革をおこなった。同改革は、大手自動車メーカーの役員であったペーター・ハルツ氏が委員長をつとめ労働市場改革をおこなったので、このようによばれている（内閣府「世界経済の潮流」）。

ハルツ改革は、「自助努力を引き出すとともに保障もする」という理念のもとに、失業にたいする補償から就労促進へと労働政策の方針転換がはかられるとともに、労働市場の柔軟化や多様化がすすめられた。

二〇〇二年八月に次のような具体的な最終報告が取りまとめられた。

①失業給付水準の引下げと期間の短縮、

②ミニ・ジョブ（僅少労働）制度の拡充、

③自営業の促進などをつうじた失業者の労働市場への参入促進、

④一定の条件をみたしたばあいの補償金解決を可能とすることによる解雇規制の緩和、
⑤企業新設後の四年間に限り、有効雇用契約を自由に更新可能とする規制緩和、
⑥職業紹介、就労支援体制の強化などのマッチング機能の強化、などである。

このハルツ改革は、まずパートタイムや派遣労働の柔軟化などの改革がおこなわれ、その後、解雇規制の緩和、失業手当の受給要件の厳格化、給付額の削減・給付期間の短縮など、各種の施策が二〇〇三～〇六年にかけて段階的に施行された。

非正規雇用は、ドイツにおいても一九九〇年代以降、増大してきているが、現在では、全雇用者の約三七％を占めるにいたっている。

ドイツが、欧州債務危機が勃発するなかで、好景気を謳歌してきたのは、こうしたかなり踏み込んだ経済構造改革によるものであるといわれている。すなわち、労働コストを引き下げて、企業業績を引き上げようとする政策がとられた。

南欧諸国などでは、経済構造改革、とりわけ労働改革を怠ってきたことが、欧州債務危機が深刻化した大きな要因のひとつであるともいわれている。

シュレーダー元首相は、辞任後に次のようにのべている（熊谷徹『ドイツ中興の祖　ゲアハルト・シュレーダー』日経BP社、二〇一四年）。

「派遣社員は、正社員と同じ待遇を受けなくてはならない。派遣社員制度については、修正する必要がある。一時間あたり八・五ユーロの最低賃金を法制化すべきだ。」

シュレーダー改革というのは、統計上の失業者の一部を、ワーキング・プアに移し替えただけのことにすぎないのかもしれない。

こうして、社会的市場経済原理にもとづいて経済政策を遂行してきたはずのドイツで、アメリカ型の新自由主義的経済政策に転換したといえるのかもしれない。

競争力のあるドイツの中堅企業　ドイツでは、Mittelstand（中堅企業）とよばれる中小企業が、国内生産高の半分以上を占め、ドイツ経済をささえる屋台骨を形作っている（田中伸世「ドイツの中小企業」『季刊　国際貿易と投資』No. 93, Autumn, 2013）。

ドイツでは、全体の九九％以上は中小企業であるが、二〇一〇年で国内総生産額の約五二％、全ドイツ企業の売上高の約三九％を占めている。二〇一二年に中小企業の総従業員の二四・七％が製造業で働いている。

二〇一二年の世界でトップクラスのシェア（七〇％以上）を有する中小企業（かくれたチャンピオン企業とよばれる）は、ドイツが一三〇七社であるが、二位のアメリカが三六六社、三位の日本が二二〇社にすぎない。

ドイツの中小企業は、相対的に高い国際競争力をもっている。輸出額は、二〇〇〇年とくらべて一〇年に二九・五％増加し、総輸出額の約一九％を占めている。

ドイツ経済研究所によると、中小企業の五四％が二〇〇八〜一〇年の間に、ひとつの製品または生産プロセスで技術革新をマーケットにもたらした。EU平均では、三四％にすぎなかった。それは、二〇〇四〜一〇年に中小企業の研究開発費が約七一％増加したからである。ちなみに、同期間の大銀行の支出増は一九％にすぎなかった。

このように、ドイツ経済の屋台骨をささえているのが、ドイツの中堅企業なのである。

堅実な経済

ドイツのモノ作りは、マイスター制度というういわば現代版の「徒弟制度」のもとで、その質が担保されてきた。マイスターという親方が製品の質を保持するとともに、丈夫で長持ちするよいモノ作りに専念してきた。

なかなか壊れない頑丈なものを、もし壊れても修理していつまでも大事に使ってもらうというのが、マイスターや職人にとっての「勲章」であろう。マイスター制度も最近ではある程度変化してきているが、このいいモノ作りの伝統と精神は、二一世紀の現在でも継承されている。

いいモノを作るので、ドイツでは、何十年も部品が保管されている。ドイツ人はモノを大切にするので大抵は修理して使い続け、形が古いからとか、部品がないから捨てるということもあまりないようである。

自動車も中古品の部品市場があって、必要な部品を安く買って、修理して乗り続ける。事故を起こしても自己責任なので、車検などという制度を法制化して、わざわざ業者に儲けさせることもない。

少々高いが、家はもちろん家具も頑丈なものを作って、何十年、何百年も使い続ける。ドイツ人は、たとえば一〇〇年も前に建設されたミュンヘンの市庁舎を、いまでも新庁舎とよぶことにまったく違和感をもたない。

EUとともに、ドイツは、農業保護の政策を遂行してきたので、ドイツの食糧自給率は九〇％程度の水準にある。日本と違って、農業の保護・育成は、食糧自給率の上昇だけでなく、環境保全にも重要な役割をはたす。林業も育成も環境保全にとって不可欠であるという考え方である。

ドイツは、きっちりとした都市政策を策定し実施している。住宅の形や色まで厳格に統一する必要があるかどうかはともかく、住みよい住環境を作り上げるために市町村・企業・市民が協力している。とりわけ、環境保全は徹底している。

農業の保護

ヨーロッパの統合というのは、域内では関税をとらない関税同盟と農業保護のための共通農業政策によって開始された。それは、EU域内での自由な貿易と農業保護を両立させ、バランスのとれた域内経済を構築するためであった。

リカードの比較優位説をもち出すまでもなく、日本的な発想からすれば、ドイツのほか、フランスやイタリア、イギリスが工業生産にはげみ、それ以外の国が軽工業や農業を分担すれば、より経済的に効率性が高いということになるであろう。

しかしながら、EUは、日本のような考え方をとらなかった。およそ国家たるものは、安全な食の自給、国民への提供が大前提だからである。

EUの共通農業政策のもとで農家所得が維持されてきたこともあって、ドイツの食料自給率は九〇%あまりある。庶民の生活に不可欠である安全な食料の安定的供給は、まさに国民の生命・健康の保持を義務付けられた国家に課せられた重大な使命だからである。

ドイツでは、農業保護というのは、安全な食料を合理的な価格で提供するということはもちろんのことながら、最近では、地球環境の保全を促進するという考え方が前面に押し出されてきている。

第四次産業革命の進展

ドイツでは、産業革命、重化学工業化、IT革命につづく第四次産業革命が進行しているといわれている(『日経ビジネス』二〇一五年一月五日)。第四次産業革命というのは、業種や会社の枠を越えて、工場同士、または工場と消費者などをインターネットでつなぐIoT(Internet of Things—モノのインターネット)ということである。

ここでは、工場の生産装置やラインを流れる部品、湿度や気温を測定するセンサーなど、ありとあらゆるモノがインターネットに接続している。

機械同士が「会話」して、人手をとおさずにラインを組み替え、在庫におうじて生産量を自動で調整する。部品メーカーから組み立て工場、物流から販売会社まで、さまざまな現場が結び付いて一体化していく。これは、たんなる生産の効率化や省人化ではない。そこでやりとりされる情報のスピードや量が、人手のばあいとくらべると数百・数千倍にもなる。

こうして、三つのあたらしい変革がすすんでいくことになる。

第一に、単一商品の大量生産時代が徐々に終焉に向かうことである。消費者のニーズをリアルタイムで工場につたえ、それにおうじて、ラインの組み替えが低コストで、瞬時にできるようになれば、カスタムメードを大量生産する時代に突入することになる。

第二に、モノ作りの付加価値が金属などの加工から、自動運転制御などソフトウエアやシステムに移行するのにともなって、製品の改善方法が激変していくことである。インターネットなどで集めた消費者ニーズをもとに、ソフトをアップデートしモノを進化させる。車や工作機械にもネット経由で即座に新機能を追加することができる。

第三に、このふたつの変革で主導権をにぎれるかどうかで、国家の盛衰がきまる。主として、第一の変革はドイツ、第二の変革はアメリカですすんでいる。

ドイツの産官学は、二〇一一年から第四次産業革命というスローガンのもとに、政府が資金を出し、数百の企業や大学が連繫して、規格作りや技術開発をすすめている。

ＩｏＴを核にして、ドイツが誇るロボットや三Ｄプリンターなどの生産技術を、会社の内外でつなぎ合わせることで、大量生産とさほどかわらないコストで、オーダーメードの製品を作る「マスカスタマイゼーション（個別大量生産）」の実現をめざしている。

もし、個別大量生産が低コストで実現できれば、少品種製品の大量生産・大量消費・大量廃棄を大原則として発展してきた資本主義が、根底から変革されるかもしれない。

消費と生産がほぼ一致すれば、景気循環も地球環境破壊もある程度は、軽減される可能性があるからである。その先頭を走っているのがドイツとアメリカなのであろう。

第四章　資産バブルの崩壊と債務危機

一九九〇年一〇月に西ドイツが東ドイツを吸収する形で東西統一が実現すると、統一景気がおとずれ、住宅・建設バブルにわいた。それは、「社会主義」下で疲弊した東ドイツを経済復興させるために、膨大な財政資金を西ドイツが負担したことによるものであった。

ところが、そのために、西ドイツでインフレ懸念が出てきたので、ドイツ連邦銀行は利上げをし、欧州通貨制度（ＥＭＳ）の危機をもたらした。

一九九〇年代は、域内市場統合の次の大目標である単一通貨ユーロの導入に向けた準備期間であった。九〇年代中葉のアメリカのドル高政策による株式バブルのおかげもあって、ＥＵ諸国は、強い通貨ユーロ実現のために財政赤字削減を断行することができた。

一九九九年一月に通貨統合が実現したが、この単一通貨ユーロの導入が、ヨーロッパでも住宅・国債バブルという資産バブルを発生させることになった。

政治的事情を最優先し、財政赤字状態と経済力の差異を捨象して通貨統合をすすめたので、大規模な財政赤字をかかえ、金利が高かったとりわけ南欧諸国での金利が劇的に低下した。そうすると、低金利で国債の発行が可能となるとともに、ユーロの後ろ盾・ドイツが事実上の債務保証をおこなっているとみなされ、いくらでも国債発行が可能となった。

ユーロを流入しただけで労せずに大量の資金を調達できたが、ほんらいであれば、インフラ投資や産業育成・強化などに使われなければならないのに、建設業や住宅産業、公務員の大量採用や大盤振る舞いなどに投入された。

アメリカで住宅・資産バブルがつづいているうちは、景気が高揚したが、アメリカでのリーマン・ショックを契機に世界金融危機が勃発すると、ギリシャ危機があかるみに出ることで欧州債務危機が発生した。ギリシャ危機は、ドイツをはじめとするヨーロッパ諸国と国際通貨基金（IMF）による数次にわたる金融支援によってなんとか抑え込まれてきたが、いつまた爆発してもおかしくない事態がつづいている。

1　日米欧の連鎖的バブル

(1) グローバル化と連鎖バブル

グローバル化の進展

近代史のなかで人類は、バブル形成・崩壊を数度しか経験していない。だが、一九八〇年代末の日本を出発点として、連鎖的に資産バブルが発生した。

すなわち、一九八〇年代末の日本の不動産・資産バブル、九〇年代中葉のアジア諸国および統一ドイツのバブル、九〇年代後半のアメリカの株式・ITバブル、二〇〇〇年代初頭の欧米の住宅・資産バブル、〇八年にアメリカでのリーマン・ショックを契機にして政府・中央銀行が大量の資金を供給することで、中国をはじめ新興諸国で発生した資産バブルなどである。

これらのバブルを同じ類型とみなければ、一九二九年世界恐慌以来といわれた二〇〇八年九月勃発の世界経済・金融危機の本質をあきらかにすることはできない。

というのは、ひとつは、歴史上のバブルというのは、数百年の間のことなのに、日本ではじまって新興諸国での崩壊でとりあえず終結したバブルは、わずか二〇数年あまりのことだからである。しかも、きわめて重要なことは、それまでは、連鎖バブルなど発生したこともないということである。

もうひとつは、一九八〇年代末に日本で発生したバブルが崩壊すると、欧米に波及し、激化させ、欧米のバブルが崩壊すると今度は新興国に波及し、バブル経済が「日常化」したことである。

このように、欧米と新興諸国で立て続けにバブルが発生したのは、一九九〇年代の世界的なグローバリゼーション（グローバル化）の本格的な進行によるものであるが、グローバル化というのは、七〇年代に入ると急速に進展する。

それは、アメリカの新自由主義的な理念を基礎にした資本の世界的拡張プロセスともいうべきものであった。だが、自然にすすんだわけではなく、国家による権力的な事実上の介入によるものであった。

新自由主義というのは、理念的には、国家の経済への介入を徹底的に排除するものであるにもかかわらず、グローバリゼーションというのは、アメリカの「代弁者」たる国際機関が強引に遂行した。

一九七〇年代初頭のＩＭＦ体制の崩壊後、国際通貨基金（ＩＭＦ）と世界銀行（正式名称は国際復興開発銀行）の主要な役割は、新自由主義の世界的な普及（正確には無理強い）におかれるようになった。

経済のグローバル化というのは、国境を越えて市場経済が拡張していくということ、すなわち貿易が拡大し、資本移動が拡張し、労働力が活発に移動することである。アメリカがグローバル化を推進する仕組みは「ワシントン・コンセンサス」とよばれている。

アメリカは、新興諸国が累積債務問題や経済危機にみまわれると、援助と引き換えに、新自由主義的な改革を強制した。それは、民営化、外国人投資家に有利になるような金融システムの再編、外国資本への国内市場の開放、関税障壁の縮小、よりフレキシブルな労働市場の構築などであった。

こうして、グローバリゼーションが進展すると、より多くの収益機会をもとめて、投機資金などの金融資本が世界中を駆け巡るようになった。それを可能にしたのが一九九〇年代半ばの、インターネットの爆発的な普及である。そのことによって、グローバリゼーションが本格的に進展することになった。

ワシントン・コンセンサス

第二次世界大戦末期の一九四四年、アメリカを中心とする連合国は、アメリカのブレトンウッズにおいて、戦後の国際体制について協議した。これが、ブレトンウッズ体制とよばれるものである。

ブレトンウッズに集まったのは、当時、協議の参加者には、第二次世界大戦勃発の原因のひとつが経済のブロック化にあり、それが経済的に日本やドイツを追い込み、戦争に駆り立てたという認識が強かったからである。ブレトンウッズ会議では、IMF体制とドルを基軸通貨とする固定相場制が決められた。ブレトンウッズの会議では、経済復興・開発のために長期融資をおこなう世界銀行の設立も決められたが、その後、途上国開発援助に重点を移した。

IMFは、その後、一九七一年のアメリカ政府による金ドル交換停止によって変容をとげた。IMFや世界銀行は、八〇年代の累積債務問題や九〇年代中葉のアジア通貨危機などで、ドル資金援助をおこなうとともに、資金援助を受ける国にたいして、新自由主義的な市場経済の導入を強制した。

とくに、IMFと世界銀行は、マーケットの自由化、対外経済開放、経済安定化をすすめてきたが、南米などで累積債務危機が勃発した一九八〇年代以降は、債務国が融資条件を受け入れた。

アメリカがグローバル化を推進する仕組みが「ワシントン・コンセンサス」であって、資本の自由化をすすめるIMFと世界銀行、貿易の自由化や経済紛争を調停する世界貿易機関（WTO）が担っている。

ワシントンに本拠をおくこれらの国際機関は、外貨獲得がむずかしい発展途上国への融資や開発融資をおこなうさい、コンディショナリティという条件をつける。

それは、政府による各種の規制の緩和、インフレ抑制のための金融引き締め、為替相場の維持、財政赤字を削減するための歳出や賃金の抑制などを指導するというものである。もちろんそれは、あくまでも発展途上国を、アメリカが主導する世界経済運営に組み込むためのものである。

こうして、発展途上国で市場経済化がすすめられることによって、ある程度は経済が成長したものの、南北・地域間および貧富の格差の拡大、貧困問題、欧米諸国への移民・難民の大量の流入、地球環境破壊などが深刻化してきた。

現在では、欧米で移民・難民の排斥、自国優先の風潮が高まることで、アメリカでトランプ政権が登場するとともに、ヨーロッパにおける極右政党やポピュリスト（大衆迎合主義）勢力などが台頭してきている。アメリカが、強引にグローバリゼーションを推し進めてきた冷厳なる帰結である。

欧米諸国への連鎖バブル

一九八〇年代末の日本からはじまり、二〇世紀末から二一世紀初頭にかけて、世界中で資産バブルが連鎖的に発生した要因のひとつとして、資本主義が「成熟段階」に到達したことをあげることができる。

資産バブルが頻発するようになったのは、資本主義が「発展」し、科学・技術と生産力が極限まで向上したことで、生産拡大など実体経済を中心とするダイナミックな経済成長がむずかしくなり、もっぱら金融セクターが収益機会獲得の舞台になってきたからである。

資本主義は、シュンペーターにいわせると、繊維機械、鉄道、電気・自動車、おそらくハイテク技術、という技術革新（イノベーション）によって発展してきた。ところが、現在では、遺伝子すら組み換えることができるようになり、万能細胞といわれるIPS細胞の発見により再生医療が可能になった。

これ以上の科学・技術開発は、止めるべきではないかというところまできている。科学・技術は、とうとう「神」の領域を侵犯しはじめているからである。

実体経済の経済成長がむずかしいとすれば、企業は、収益増加のために、労働コストを引き下げようとする。さいわいなことに、中国が市場経済を導入したので、先進諸国はこの間、中国を生産拠点とすることによって、低賃金労働力を駆使して収益性を引き上げることができた。

さらに、ハイテク技術革新によって、金融技術革新も進展した。

一九九〇年代には、グローバリゼーションが急速に進展するとともに、世界的規模でインターネットが普及するなかで、金融技術革新がダイナミックにすすんだことで、金融セクターでの収益機会がいちじるしく向上した。

こうして、実体経済での成長の停止、グローバリゼーションと金融技術革新の進展、インターネットの普及によって、資産バブルが、世界に連鎖的に波及するようになった。

リーマン・ショック後の新興諸国バブルは、一九八〇年代後半の第一波の日本の株式・不動産バブルと九〇年代初頭のドイツの住宅バブル、九〇年代末の第二波のアメリカの株式（IT）バブルと二〇〇〇年代初頭の欧米の住宅・資産バブル、これにつづく第三波ともいうべきものであった。

欧米の住宅・資産バブル崩壊による経済危機対応としておこなわれた、政府・中央銀行による大量の資金供給によって促進されたのが、第三波の新興諸国の住宅・株式バブルと商品（食糧・資源）価格の高騰であった。

この新興諸国バブルの前提は、日本と欧米の資産バブルの進展によって新興諸国が台頭してきたことにある。それは、先進国からの新興諸国への製造業の移転やIT産業のアウトソーシングなどが、急速にすすんできたことによるものである。

さらに、食糧・資源価格も高騰してきた。それは、新興諸国の台頭による需要増とともに、先進諸国の金融セクター主導の資産バブル形成による経済成長によって、投機資本などをはじめとする国際金融資本が暗躍し、先進国の投機資金が、新興国株式や資源・穀物市場に大量に投入されてきたからである。

国際金融資本が暗躍しているのは、グローバリゼーションの進展によるものであるとともに、とりわけアメリカが、国際金融資本の利益追求行動を傍若無人におこなわせるとともに、ヨーロッパから規制強化の要望が出されても、ほとんど歯止めをかけてこなかったからである。

(2) 欧米のバブル崩壊

バブルの継続

アメリカでは、一九九〇年代にIT（情報・技術）革命が進展することで、金融セクター主導の株式バブルが九〇年代末に、住宅・資産バブルが二〇〇〇年代初頭に発生し、経済成長を謳歌した。

アメリカの株式バブルは、二〇〇〇年には崩壊したが、じきに欧米で住宅・資産バブルが発生したので、日本のような深刻なバブル崩壊不況をなんとか回避することができた。

この欧米のバブルもまた、経済成長促進要因が消滅したことによって発生した。すなわち、金融セクター主導のバブル型経済成長への転換であった。

欧米の住宅・資産バブルを助長するとともに、バブルをさらにはげしいものにしたのは、なにをかくそう、バブル崩壊による長期不況（平成大不況）下の日本で、超低金利（当時はほぼゼロ金利）資金を調達して、欧米マーケットに投入された円資金であった。これが円キャリートレードである。

たとえば、日本市場で金利一％程度の資金一〇〇億円を調達し、欧米市場に投資して五％の利回りを獲得できたとして、外国為替相場が変動せず、為替手数料をゼロと仮定すれば、なんと四億円あまりという膨大な利ザヤを獲得できる。資金を右から左に動かすだけで、である。

金融取引で、てっとり早く利益（もちろん損失も）をえられるというゆえんである。実体経済での取引であれば、生産とか、財・サービスの取引とかが、資金取引のあいだに介在するが、金融取引は、資金の直接の取引なので、インターネット上で取引が完結する。実体経済が低迷するようになると、金融取引で利益をえようとなるのはそのためである。

日本のゼロ金利政策がなければ、世界経済・金融危機を招来するような欧米でのはげしい住宅・資産バブルは発生しなかったかもしれない。

外国の金融資本が大量の円資金を調達すると、その円資金をドルやユーロに転換しなければならないので、欧米の住宅バブル期には、ドルやユーロにたいして、円安が進行した。そうすると、日本の投資家も大量の海外投資をおこなった。こうして、欧米の住宅バブルがさらにはげしいものになった。

アメリカの住宅・資産バブル期には、たとえ信用力の低い借り手に供与された住宅ローン債権が入っていたとしても、金融工学を使うと優良な証券化商品を組成することができたという。もちろん、そのようなことはないのであるが、住宅・資産バブルという熱狂下で胡散臭い金融商品に投資家が殺到した。

投資リスクが低いのに、金利が高い金融商品なので、投資家は、手持ち資金だけでなく、資金を借りて投資した。一％程度で借入し、五％くらいの証券化商品に投資すれば、それだけで四％の鞘をとることができたからである。しかも、その証券化商品がトリプルAという最上級の格付けであれば、どんどん借金して買おうということになる。

欧米の住宅・資産バブルは、二〇〇七年ころには崩壊のきざしをみせていたが、〇八年九月のリーマン・ショックで世界経済・金融危機が勃発して崩壊した。

欧米政府による巨額の財政出動、および中央銀行による流動性（資金）供給や、米中央銀行FRBなどによる国債・社債・MBS（住宅ローン担保証券）などの購入（量的緩和政策―QE1）でとりあえず落ち着きを取り戻した。

しかしながら、その資金は、欧米にはあまり投入されず、新興諸国や資源・穀物市場に大量に流出した。そのため、新興国の株価はじきに回復し、資源・穀物価格も上昇した。

二〇一〇年一一月四日にFRBは、一一年六月まで六〇〇〇億ドルの長期国債を購入するという量的緩和政策（QE2）を決定した。MBSなどの元本償還資金による米国債の買い取りをふくめるとじつに九〇〇〇億ドルにのぼる規模であった。

FRBによって供給された膨大な資金は、アメリカ国内ではなく、成長が期待された新興諸国株式、需要増で値上がりが見込める食糧・資源市場、インフレ予想で金などに大挙して流入した。

アメリカのQE2は、新興国の株式バブル、中国の住宅バブルなどをはげしいものにした。したがって、二〇一〇年から一一年にかけて、新興諸国は、のきなみ金利の引き上げをはじめとする金融引き締め政策に転換した。そのため、一一年に入るとバブル崩壊のきざしがみえるようになってきた。

引き締め政策への転換

ヨーロッパでは、ギリシャからアイルランド、そしてポルトガル、スペインなどで財政危機が深刻化した。ドイツ、フランス、イギリスなどで財政赤字の削減に取り組んできたこともあって、景気が低迷した。そうしたなかで、インフレ率の上昇傾向がみられたので、欧州中央銀行（ＥＣＢ）は、二〇一一年四月七日に利上げをおこなった。

ヨーロッパ諸国が、財政赤字削減に取り組むことができたのは、ユーロ安やポンド安のおかげである。ところが、財政赤字削減などにより、景気後退傾向がみられるときに利上げをすれば、景気はさらに低迷する。

ヨーロッパ諸国の景気の低迷が深刻化すれば、東欧のバブル崩壊によって金融危機が顕在化することになり、金融危機対策でも財政出動をせまられることになった。

ところが、アメリカは、二〇一一年六月に、当初の予定どおりＱＥ２を終了した。あらたなＱＥ２の資金が、新興国や資源・食糧市場に流入しなくなったので、新興諸国バブルが崩壊しはじめた。

結局、アメリカも景気の低迷にみまわれ、財政出動と二〇一二年九月にＱＥ３の発動をせまられた。

2　バブル崩壊と欧州債務危機

(1) ヨーロッパの危機

アイルランド危機

ギリシャ危機に先立って、アイルランドでの住宅バブルはすでに二〇〇七年上期には崩壊し、不動産価格は、約四割も下落した後、年率約四％で下落がつづいていた。このバブルは、日本型の金融機関による不動産融資の拡大によるものであったので、金融機関には膨大な不良債権が累積した。

二〇一〇年一一月二一日にアイルランド政府は、ＥＵとＩＭＦにたいして緊急金融・財政支援を要請する一方で、一一月二四日にカウエン首相は、一四年までの四ヵ年の財政再建計画を発表した。

この計画は、GDP比で三〇％を超える財政赤字を一四年までにEU基準である三％に引き下げるために、一〇〇億ユーロの歳出削減と五〇億ユーロの増税をおこなうというものであった。

その大前提となっているのが、年率二・七五％の経済成長という非現実的な想定であった。欧州委員会の経済予測では、実質経済成長率は、二〇一〇年マイナス〇・二％、一一年にはプラスに転換するにしても〇・九％、一二年にプラス一・九％とかなり低かった。

非現実的な想定のもとに立案された財政赤字削減が、実行できるはずもなかった。したがって、ヨーロッパの財政危機は、そうかんたんに解消されることはないとみられていた。

なんとしても二・七五％の経済成長が必要なので、アイルランド政府は、国際的な批判の多かった一二・五％とヨーロッパ諸国でも最低水準の法人税率をすえおいた。それは、低い法人税率で外資をよび込み、経済成長をはかるというアイルランド・モデルを堅持するためであった。さらに、インフラの強化や公的サービスの効率化で、輸出を回復させようとした。

ただ、問題は、最低賃金を引き下げることで雇用を創出することが、四ヵ年計画にうたわれていたことである。個人消費を減少させては、経済成長などできない。とうぜんながら、この四ヵ年計画にたいして、野党は「失業をまねく」として反対を表明した。

その結果、政党支持率は、与党・共和党一八％にたいして野党・アイルランド統一党三二％と逆転した。財政再建策が順調にすすむとはおもえなかった。

そこで、EUは、二〇一〇年一二月六日に開催された緊急ユーロ圏財務相会合で、IMFと共同で、アイルランドにたいする総額八五〇億ユーロの金融・財政支援を正式決定した。八五〇億ユーロの使途は、赤字補填に五〇〇億ユーロ、金融支援に三五〇億ユーロ（公的資金による資本増強一〇〇億ユーロ、将来の金融支援のための基金二五〇億ユーロ）であった。

八五〇億ユーロの財源は、アイルランド政府の年金基金など一七五億ユーロ、ヨーロッパ四五〇億ユーロ（EU予算を裏付けとした欧州金融安定メカニズム二二五億ユーロ、ユーロ圏の政府保証を裏付けとした欧州安定基金一七七億ユーロ）、イギリス三八億ユーロ、スウェーデン六億ユーロ、デンマーク四億ユーロ、IMFが二二五億ユーロであった。

このようなアイルランドへの金融・財政支援によって、金融・財政不安の鎮静化が期待されたが、一〇年物国債の利回りは、アイルランド九％強、ポルトガル七％強、スペイン五％半ばと、あまり低下する気配がみられなかった。それだけ、ヨーロッパの金融・財政危機が深刻だということであった。

アイルランド危機の終息

このアイルランド向け金融・財政支援の返済期限は、最大七年半とされた。ところが、二〇一〇年五月におこなわれたEUとIMFのギリシャ向け融資の返済期限は、三年に設定されていた。

ちなみに、ギリシャが三年で総額一一〇〇億ユーロを返済することはむずかしいので、三年のうちにギリシャの財政危機が再燃するといわれていた。そのため、緊急のユーロ圏諸国の財務相会合でアイルランドと同じように、返済期限は最大七年半に延長された。

ここで、二〇一三年以降にユーロ圏で新規に発行されるすべての国債に、集団行動条項（CAC）が適用されることが決められた。これは、債券を発行するさいに、発行体と投資家の間で取り交わされる条件で、発行体が財政危機などにおちいったばあい、たとえば四分の三など一定の割合の投資家の合意のもとに、債券の条件を変更できるものである。

こうした金融支援でも、アイルランドの財政危機が解決されるかは、予断を許さない状況にあった。二〇一〇年一二月九日にヨーロッパの格付け会社フィッチ・レーティングスが、アイルランド国債の長期信用格付けをAプラスからBBBプラスに三段階引き下げた。

二〇一〇年一二月一七日には、アメリカの格付け会社ムーディーズ・インベスターズ・サービスが、アイルランド国債の長期信用格付けをAa2からBaaに五段階引き下げたと発表した。銀行への追加資金供給による財政赤字の拡大、財政赤字削減で景気の低迷が予想されたからである。

欧州委員会は、二〇一五年時点の財政赤字のGDP比を三％以内にするようにもとめたが、格下げと同じ日にIMFは、四・八％という見通しを公表した。

二〇一〇年一二月二三日、アイルランド政府は、三大銀行のひとつアライド・アイリッシュ銀行（AIB）に、アイルランドの公的年金積立金から三七億ユーロ（約四〇〇〇億円）を追加投入し、実質国有化すると発表した。金融機関の不良債権処理をすすめるためであった。

このようなEUとIMFによる金融・財政支援によって、アイルランド危機はとりあえず終息した。

アイルランドがEUに支援を要請した直後の二〇一〇年一二月以降、ポルトガル国債の利回りが急騰した。格付け機関も国債を格下げした。

ポルトガル危機

そうこうするうちに、二〇一一年三月二三日にポルトガル議会は、財政再建に向けた追加緊縮策を否決した。その結果、市場でポルトガルの信用不安が一段と高まった。

アメリカの格付け機関であるスタンダード・アンド・プアーズは、二〇一一年三月二四日にポルトガル国債の長期信用格付けを二段階、二九日にはさらに一段階引き下げた。引き下げられたトリプルBマイナスの一段階下は投機的水準である。

同じくアメリカの格付け機関であるムーディーズ・インベスターズ・サービスは、二〇一一年四月五日、ポルトガル国債の長期信用格付けを一段階引き下げてBaaマイナスとした。相次ぐ格下げで、ポルトガルの一〇年物国債利回りは八・九％前後と、ユーロ導入後の最高水準となった。

債務不履行におちいるリスクを取引するクレジット・デフォルト・スワップ（CDS）市場では、五年物ポルトガル国債の保証料率は、EUやIMFの支援を受けているアイルランド国債を上回った。

そのため、二〇一一年四月六日にポルトガル政府は、EUに金融支援を要請した。金融支援規模は八〇〇億ユーロであった。金融支援が受け入れられたことで、とりあえず危機が回避された。

(2) ギリシャ危機の深刻化

ギリシャの財政赤字粉飾

一九八一年にギリシャで社会主義政権が誕生して以来、九〇年から九三年をのぞき左派政権がつづいた。二〇〇四年には保守派が勝利したが、〇九年にふたたび左派勢力が政権を奪取した。財源の問題はあるものの、左派政権の下で社会保障が充実し、公務員が就労人口の三割を占めるにいたった。

発足時に間に合わなかったが、二〇〇一年にはユーロを導入することができた。ところが、そのときにギリシャ政府が欧州委員会に提出した数字が、〇四年に大幅に訂正され、財政赤字のGDP比三％の加盟基準を満たしていなかったことが判明した。だが、住宅・資産バブルに突入し、景気も上向いていたせいか、さほど問題にはならなかったようである。

ところが、二〇〇九年一〇月に政権交代がおこなわれたことで、財政赤字の深刻な実態が暴露された。前政権が五％程度としていた二〇〇八年度の財政赤字のGDP比が七・七五％であったこと、四・七

%とみられていた〇九年度も一二・七%となる見込みであることを、新政権が暴露した。実際には、〇九年度はじつに一五・八%の赤字であった。

このギリシャの財政危機は、国際金融市場を震撼させた。七割あまりを外国の投資家が保有しているギリシャ国債のデフォルトが懸念されたからである。EUは、二〇一〇年五月七日に緊急首脳会議を開催し、一〇年から一二年までの三年間で総額一一〇〇億ユーロの協調融資をIMFと共同で実施することを決定した。

ところが、財政危機の懸念がポルトガルなどの南欧諸国にも波及する気配をみせていたので、いっこうに株価の下落とユーロ安に歯止めがかからず、より抜本的な対策をとることをせまられた。

そこで、首脳会議からわずか三日後の五月一〇日、EUは緊急財務相理事会を開催し、総額最大七五〇〇億ユーロの欧州金融安定基金（EFSF）の創設を発表した。

ECBもユーロ圏（ユーロ導入国）国債をマーケットで購入することを決定し、ギリシャ危機は沈静化するとみられたが、事態は、そんなにかんたんではなかった。ギリシャが、EUやIMFから金融支援を受けるには、抜本的な財政赤字削減が不可欠だからである。

やはり、歳出削減が不十分であって、二〇一〇年の財政赤字のGDP比が、目標とした七・四%にとどかず八・五%であった。削減目標を達成しなければ、とうてい金融支援を受けることなどできない。

ギリシャ危機の再燃

二〇一一年四月になるとギリシャ危機が再燃した。きっかけとなったのは、一四日付のドイツの新聞「ヴェルト」に掲載された、ショイブレ独財務相の会見記事であった。

財務相は、ギリシャの債務返済能力に疑念が生じたばあいには、追加的な措置をとらなければならないが、国債への投資家にも損失負担をさせる可能性についても言及したからである。そもそも、投資家の損失分担は、二〇一三年の新規発行分からとされたはずであった。

この記事で、ギリシャの一〇年物国債利回りは、ユーロ導入後でもっとも高い年一三％台半ばまで急上昇した。ドイツ国債との利回り格差も、前回の危機以来の一〇％以上に広がった。

二〇一一年六月一日にムーディーズ・インベスターズ・サービスは、ギリシャの国債格付けを、BマイナスからCCCプラスに三段階引き下げたと発表した。ギリシャ国債は、すでに投資不適格級に引き下げられていた。ギリシャが将来、デフォルト（債務不履行）におちいる可能性は、少なくとも五〇％ということであった。

返済期限の延長などの債務の再編なしには、債務問題を解決することができないということであった。そのため、EUとIMFは、二〇一〇年に策定されたギリシャ支援を一年間延長し、追加金融支援をおこなう方向にあった。その前提は、あらたな財政赤字削減策の策定・実行である。

ここで、二〇一一年九月に金融支援停止によるギリシャ国債のデフォルトが一気に現実のものとなった。ギリシャ危機が再燃した一一年一〇月に決められたのが、一三〇〇億ユーロの第二次金融支援である。しかし、この支援はなかなか決まらなかった。第一次金融支援の前提となった歳出削減が、ほとんど実行されていなかったからである。

難航した第二次金融支援

EUとIMFは、抜本的な財政緊縮策を国会で議決し、政権与党による実行の誓約書を提出しなければ支援をしないという強硬策に出た。第二次金融支援がなされないと、二〇一二年三月二〇日に償還期限のくる国債の支払いができず、ついに「無秩序のデフォルト」におちいる。

そこで、①約三三億ユーロの歳出削減、②現行最低賃金の二二％引き下げ、③公務員約七五万人を一二年中に一万五〇〇〇人、一五年までに計一五万人削減、④電力などの公社の年金一五％、給与七％削減、⑤国営企業での終身雇用制廃止、⑥国の医療費削減、などの追加削減策をまとめた。

だが、当初、国民の反対が強い年金カットはできなかった。その結果、三三億ユーロのうち六億二五〇〇万ユーロが削減できなくなった。三億ユーロは軍事費の削減でまかなうことになったが、三億二五〇〇万ユーロが削減できなかった。

そこで、さらに、①二〇一二年中の三億二五〇〇万ユーロ規模の歳出削減案の策定、②追加財政緊縮策関連法案の国会での成立、③与党三党党首の総選挙後の財政再建実施の誓約書の提出がもとめられた。③は、総選挙後に政権交代があっても、追加財政緊縮策が反故にされないためである。

こうして、二〇一二年二月一三日にギリシャ議会は、追加財政緊縮策や構造改革に関する法案を賛成多数で可決した。そこで、二月二〇日に開催されたユーロ圏財務相会合で、第二次金融支援の前提となる、ギリシャ政府の追加財政緊縮策が了承された。三億二五〇〇万ユーロ規模の歳出削減案が、議会で成立し、誓約書も提出されたからである。

ギリシャ国債の元本七〇％削減

二〇一二年三月九日にギリシャ政府は、民間投資家の保有するギリシャ国債二〇六〇億ユーロのうち、ギリシャ国内法にもとづいて発行された一七七〇億ユーロ分の元本の七〇％あまり削減することを決定した。これは、「秩序あるデフォルト」とよばれる。

その経緯をみてみよう。

二〇一二年二月二四日にギリシャ政府は、財政再建のため、ギリシャ国債の元本を七〇％削減することを投資家に正式に提案した。

交渉は、ギリシャ政府と債権者代表である国際金融協会（ＩＩＦ）との間でおこなわれた。三月九日、ギリシャ政府は、投資家保有国債の元本削減の自主的参加比率が八三・五％（国内法による発行国債では八五・八％）となったと発表した。

提案は、銀行などの民間投資家が保有する総額二〇六〇億ユーロの元本を五三・五％分の削減、残りの四六・五％分をあらたに発行する国債などと交換する、具体的には、投資家は、三一・五％分を償還期間が最長で三〇年の複数の種類の国債と交換する、残る一五％分は、償還期間の短い欧州金融安定基金（ＥＦＳＦ）債で受け取る、というものであった。

この提案によれば、新期の国債の金利は、ドイツなみの二・〇〜四・三％であった。したがって、金利収入の減少分もふくめれば、実質的な借金の削減率は七三〜七四％となる。

ＥＣＢ保有のギリシャ国債は、売り浴びせに買い向かったので、暴落した低価格で購入された。償還期間がくれば額面で受け取れるので、その差額を拠出することになった。

元本削減への自主的参加比率が八三・五％に達したが、目標としていた九〇％にはとどかなかったので、実効性を高めるには、参加比率をさらに引き上げなければならない。そこで、ギリシャ政府は、二〇一二年三月九日の閣議で「集団行動条項」の発動を決定した。

ギリシャでは、二〇一二年二月二三日に、既発国債と新発国債との交換のための「国債の交換手続きに関する法律」が成立したが、ここに、交換についての同意が三分の二に達すれば、交換に同意しない民間投資家にも、交換を強制できるという「集団行動条項」が盛り込まれた。

元本削減への投資家の自主的参加が三分の二に達しなければ、ほんとうのデフォルト、すなわち「無秩序なデフォルト」におちいる。最悪のシナリオは回避されたものの、目標の九〇％に達しないので、「集団行動条項」が発動されたのである。

集団行動条項の発動によって、強制的に削減された額は、ギリシャ国内法にもとづいて発行された一七七〇億ユーロのうち、投資家が自主的に削減におうじていた一五二〇億ユーロ分をのぞく二五〇億ユーロあまりであった。七〇％あまりのギリシャ国債の元本削減の対象となる投資家の比率は、自主的に合意した八三・五％から九五・七％まで上昇した。

ところが、ここで、深刻な問題が発生した。

二〇一二年三月九日のギリシャ政府による集団行動条項の発動の決定を受けて、国際スワップ・デリバティブズ協会（ＩＳＤＡ）が、クレジット・イベント（損失を補填してもらえる事態）と認定した。なんと、債務不履行（デフォルト）にともなう、損失補填の対象になると発表したのである。

ギリシャの「デフォルト」

ギリシャが債務の七〇％あまりの削減ができれば、ヨーロッパの債務危機と銀行危機はとりあえず終息に向かう。

ところが、この重債務国の国債に関してＣＤＳを販売しているのは、ほとんどアメリカの金融機関である。そうなるとアメリカの金融機関にヨーロッパの銀行の損失が「転嫁」される。アメリカの金融機関が膨大な損失を被るはずであった。

ただし、ＩＳＤＡは、同じ金融機関や投資家内部での売り残と買い残を相殺したＣＤＳのネットの金額は、この時点で三二億ドル、ＣＤＳを売った側が、補償を受ける買った側に支払う保険金は二四億ドルあまりと試算していた。深刻な金融危機にはいたらない、ということのようであった。

さいわいなことに、ギリシャ国債に関するＣＤＳが、クレジット・イベントと認定されたことで、イタリアやスペインなど重債務国の国債が売り浴びせられることはなかった。

クレジット・イベントに認定

「秩序あるデフォルト」を選択すれば、損失分を保証してもらえるようになったからである。ただ、それは、これまで重債務国のＣＤＳを購入して、保証料を支払っているばあいにかぎられる。

ギリシャ国債に関するＣＤＳが、クレジット・イベントとして認定されたので、イタリアやスペインなど重債務国の国債の補償の可能性が高くなった。したがって、ＣＤＳ保証料は跳ね上がった。このようにしてリスクヘッジができなければ、重債務国の国債の消化は困難になってしまう。

とすれば、重債務国が、抜本的な財政赤字圧縮に取り組み、マーケットで資金調達できるようにしなければならないことになる。

欧州版ＩＭＦが設立されても、重債務国の債務危機を完全に解消するほどの規模の金融支援をおこなうことはできない。ヨーロッパ諸国は、かなりの景気の低迷を覚悟して、抜本的な財政赤字圧縮に取り組まざるをえなかった。景気が低迷するなかでの財政赤字削減は、税収が激減することもあって困難をきわめた。

集団行動条項は、ほんらい事前に投資家と提携する契約である。事後的な発動ということは、国家権力が、絶対にしてはならないことである。

ユーロ圏は、投資家に強制的に借金の棒引きを押し付けたことのマーケットからのしっぺ返しを覚悟しなければならなかった。重債務国をはじめとするヨーロッパ諸国が、根本的な財政再建を達成しないかぎり、欧州債務危機が、たびたび爆発することはあきらかであった。

ギリシャの総選挙の結果

二〇一二年五月六日にギリシャで総選挙がおこなわれたが、その結果に世界が驚愕した。EUからきびしい緊縮財政をせまられている政権与党が、過半数割れの惨敗を喫したからである。

同じ日にフランスでおこなわれた大統領選挙の決選投票でも、緊縮財政に異を唱える野党社会党のオランド候補が勝利した。

膨大な財政赤字をかかえるギリシャは、EUやユーロ圏諸国から緊縮財政をせまられた。ユーロに残留を希望するのであれば、いままでに発行した国債のデフォルトは、許されるものではない。したがって、財政再建をおこなってマーケットで国債発行ができるようになるまで、EUなどからの金融支援を受けざるをえなかったのである。

この緊縮財政は、景気をいちじるしく落ち込ませ、ギリシャは、四年連続のマイナス成長におちいった。失業者も激増し、失業率は二〇%を超えた。こうしたなかで、「ごみ箱をあさって生きるより、人間の尊厳を守る」と、ある老人が命を絶つという衝撃的な事件が発生した。

当時の連立与党は、EUのいうままに緊縮財政をすすめ、国民を苦しめているという風潮が高まっていった。ギリシャ国民は、総選挙で、EUから突き付けられている過酷な緊縮財政にノーを突き付けた。

そこで、二〇一二年六月一七日におこなわれたギリシャの第二回目の総選挙に、世界の注目が集まった。EUの緊縮財政に反旗をひるがえしている反緊縮派が勝利すれば、ユーロ離脱によるユーロ崩壊、世界恐慌という悪夢がひとびとの脳裏をかすめたからである。

旧通貨ドラクマ復活による通貨暴落とインフレを懸念して、ギリシャの銀行からの預金の引き出しと、外国への資金流出がはげしくなった。

選挙戦は熾烈をきわめ、財政健全化をすすめてユーロに残留するか、EUのいうままに財政緊縮をおこなって、国民生活を崩壊させるのかが問われた。

さすがに、緊縮財政に反旗をひるがえすこととユーロに残留することは、けっして両立しないことにギリシャ国民も気付かされた。金融支援の大前提というのは、財政赤字の抜本的な削減をおこなって、独自にマーケットで国債を発行して、資金調達ができるような財政構造を構築するというものだからである。

反緊縮派が勝利して、EUと合意した緊縮財政を反故にすれば、金融支援が打ち切られ、さっそく七月の公務員給与が支払えないという事態が発生する。そうすれば、大規模な公務員ストライキが勃発し、ギリシャ経済は完全に崩壊する。

しかも、ユーロ離脱ということにでもなれば、かつてのドラクマにもどることになる。そうすれば、ドラクマが大暴落するとともに、インフレが高進し、ここでも国民生活が崩壊し、緊縮財政をおこなうよりも深刻な事態にいたる。

ギリシャは、「緊縮も地獄、反緊縮・ユーロ離脱も地獄」という状態におちいった。

ギリシャ国民は、EUとの交渉によって、ゆるやかな緊縮財政のもとで、財政再建をおこない、ユーロに残留するということを選択した。

第三次金融支援

緊縮財政によって、ギリシャ国債の発行金利も、マーケットで資金調達が可能といわれる七%近辺まで低下した。ついに、ギリシャ危機が終結かと期待されたが、事態は、それほどあまいものではなかった。

二〇一五年一月に議会選挙がおこなわれ、緊縮財政にたいする国民の不満を背景に、反緊縮政策をかかげる急進左派連合が第一党となり、右派の独立ギリシャ人との連立政権が誕生したからである。

連立政権は、ユーロ圏財務相会合とユーロ圏首脳会合との会合をかさねたが、債権団とギリシャ側で具体的な改革についての溝が埋まらず、第二次金融支援プログラムは、二〇一五年六月三〇日をもって終了した。

七月五日には、債権団による支援案受け入れ拒否についての信任を問う、国民投票が実施された。受け入れ反対が多数を占めたが、チプラス首相は、債権団が以前に提示したのと同じものを出し、ユーロ圏にとどまる意向をしめした。

この改革案が議会で承認されたので、第三次金融支援が協議され、八月一四日に同プログラムがユーロ圏財務相会合で正式決定された。

七月に第三次支援が大筋合意されるとギリシャの資金繰り支援のために、欧州金融安定化メカニズム（EFSM）が七一億六〇〇〇万ユーロのつなぎ融資をおこなった。また、八月二〇日には、欧州安定化メカニズム（ESM）が一三〇億ユーロの初回融資をおこなった。

チプラス首相は、選挙公約である反緊縮政策を実現できず、公約違反をしたことについて、有権者の審判をあおぐとして八月二〇日に辞任表明をおこない、議会を解散して九月二〇日に総選挙を実施した。選挙の結果、急進左派連合が第一党を維持したものの、過半数をえられず、独立ギリシャ人との連立を継続することになった。

ギリシャの公的債務は、総額三一四八億ユーロ、国内総生産（GDP）比で約一八〇％にも達していた。

国債市場への復帰

二〇一七年六月のユーロ財務相会合で、ユーロ圏が債務返済期限の延長などの譲歩策を提示して、妥協が設立した。ユーロ圏が計八五億ユーロの追加融資におうじたので、ギリシャの債務不履行（デフォルト）の危機が回避された。

ＩＭＦは、持続不可能だとして、二〇一五年夏にはじまった最大八六〇億ユーロ規模の第三次金融支援への資金拠出をみあわせてきたが、二〇一七年七月二〇日には、ギリシャへの約一六億ユーロの融資再開を条件付きで承認した。融資の実行は、ユーロ圏によるギリシャへの債務負担軽減策の具体化を見極めたうえで判断することになった。

三次にわたる金融支援で二〇一七年七月二五日、とりあえずギリシャは三年ぶりに国債市場に復帰することができた。五年債で三〇億ユーロを発行し、利回りは四・六二五％であった。一四年四月に発行した五年債の利回り四・九五％を下回る水準で発行できた。

一〇年債の利回りも一時五・二％台と、〇九年一二月以来の低い水準をつけた。

3　ユーロと財政・金融危機

(1) バブル形成の主要因と対策

ユーロの欠陥

一九九九年一月に、不可能とまでいわれた単一通貨ユーロが導入された要因はいくつかあるが、経済的には、冷戦の終結後、減価する基軸通貨ドルではなく、安定した通貨が必要となっていたからである。

すべて合わせれば、アメリカの経済力に匹敵する欧州連合（ＥＵ）の構成国で、単一通貨ユーロを導入すれば、減価するドルにかわる基軸通貨になる可能性が高いからである。そうすれば、世界の投資資金をヨーロッパに引き付けることができる。

ＥＵ諸国は、アメリカのように軍事産業やＩＴ産業、金融業などで経済成長するのではなく、加盟国を拡大して、製造業を中心とした経済成長を志向してきた。

こうしたユーロの致命的欠陥は、通貨主権と財政主権が乖離していることである。すなわち、条約によって、ユーロ導入国は、国家主権である通貨主権をＥＣＢに移譲したものの、財政主権などそれ以外の国家主権は、すべて各国に帰属したままである。

国家主権を超国家機関にすべて譲り渡す政治統合は、それほどかんたんにはできないので、とりあえずは通貨だけ統一しようというのが、通貨統合である。じつは、それは、もはや経済統合ではなく、政治統合にふみ込んでいるということに、多くのひとが気付いていたが、それに目をつぶった。ユーロ導入は、高次元のドイツ封じ込め政策だからである。

したがって、ユーロ導入後も、財政規律を遵守させるために安定・成長協定が事前に締結された。財政赤字を削減しなければ、罰金をとるというものである。

しかしながら、そもそも、ドイツやフランスが、二〇〇〇年代初頭に規定を超えて財政赤字を増やしたときには、是正勧告を無視した。要は、国家ではないので、国家主権については不可侵なのである。ギリシャのように、公表された公式統計が虚偽であれば、さらに深刻な問題が出てくる。

金融政策と経済政策の齟齬

ＥＣＢの金融政策は、ドイツやフランスなどの景気の状態を念頭において遂行される。これらの国で景気が低迷すれば、とうぜん、金融緩和をおこなう。それ以外の国の景気がいいとさらに景気が過熱して、資産バブルなどが発生してしまう。

通貨統合に参加すると従来の高インフレ国では、インフレが鎮静化し、金利も低下する。そうすると、住宅ローンなどのニーズが拡大し、住宅ブームが発生する。

ユーロ導入による競争力格差に関する欧州委員会の報告書によれば、ギリシャやスペインやポルトガルにとって、実際の購買力などで計算したユーロの実効為替レートは、実力よりも一〇％も高いという。逆に、ドイツは、三％から五％割安だという。ここに、単一通貨ユーロのむずかしさがある。ユーロ導入で、ドイツなどの域内輸出が増え、それ以外の国の輸出が不利になったからである。

ドイツの他のユーロ圏諸国にたいする実効為替レートは、なんと一三％あまりも割安に評価されている。ギリシャやスペインなどは、一〇％以上も割高に評価されている。

ということは、ドイツがスペインなどに輸出するときには、もっと安く売れるのに高く売れたということである。逆にスペインなどは、高く売れたはずなのに、実際には安くなったのである。しかも、ギリシャなどは物価上昇率が高いので、通貨の割高感はさらに高まる。

ユーロを導入していなければ、スペインなどの自国通貨が切り下がって、輸出が有利になるはずであるが、それもできない。競争力を高めようとすれば、物価や賃金の引き下げをおこなうしかないのであるが、それもできない。

となれば、外国から資金を導入して内需を拡大するしかないが、ユーロを導入できたので、資金はかんたんに流入してきた。

金融政策をＥＣＢが一元的におこなっているが、強い通貨ユーロということなので短期金利は低い。ところが、財政赤字国では国債があまり売れないので国債価格が低下し、長期金利は上昇する。そうすると、ドイツやフランスなどの金融機関は、ＥＣＢから低金利で資金を調達し、ギリシャなど南欧諸国の国債に投資して膨大な利益をあげた。

南欧諸国の財政規律がゆるんできた一因は、国債を発行してもいくらでも消化できたことにある。国家は、破産させないだろうと、企業や金融資本が金儲けに走った結果、ＩＭＦやＥＵ諸国などが、「税金」で尻拭いをせざるをえなくなった。

欧州版ＩＭＦ構想

二〇一〇年一〇月二一日、ＥＵのファンロンパイ大統領は、ギリシャ危機の再発防止策の最終報告を発表した。資金調達が困難になったユーロ圏諸国を支援する、恒久的な緊急融資制度である欧州版ＩＭＦ（欧州安定メカニズム―ＥＳＭ）の創設を提言した。

そのために、ＥＵ基本条約「リスボン条約」の改正を選択肢として明記した。

二〇一〇年五月にＥＵは、ＩＭＦと協力して総額七五〇〇億ユーロの欧州金融安定化基金（ＥＦＳＦ）を設立したが、この措置は三年間の時限措置で、条約改正の必要はなかった。「リスボン条約」は、原則として、ユーロ圏諸国の財政的な救済を禁止しているが、欧州金融安定化基金は、同条約の災害など例外的な事態におちいった加盟国への特例支援措置を転用して設立された。

二〇一〇年一二月一六・一七日に、ブリュッセルで開催されたＥＵ首脳会議で、欧州版ＩＭＦを一三年六月に稼働させることで正式に合意した。設立には、「リスボン条約」の改正が必要であるが、条約の改正に反対していた加盟国が条約の「限定的な修正」ということで合意にいたったからである。

ユーロ圏諸国の恒久的な金融安定のための欧州版ＩＭＦは、総額七五〇〇億ユーロの緊急融資制度である欧州金融安定化基金を引き継いだ。二〇一一年一月にユーロを導入したエストニアをふくむユーロ圏諸国が合意し、発動された。

ただし、イギリスやデンマーク、スウェーデンなどの非ユーロ諸国も、融資に参加することができる。すでに、アイルランド支援には、イギリスやデンマークなどが参加していた。

ＥＳＭは、国際金融市場で資金調達が困難になったユーロ圏諸国にたいして、金融支援をおこなう。同時に、「支払い不能」と判断されると、民間投資家にたいして、国債の償還期間の延長、金利の減免、元本削減などの「債務再編」を案件ごとに、もとめることができるようになった。

集団行動条項　二〇一〇年一一月二八日のユーロ圏緊急財務相理事会で集団行動条項（ＣＡＣ-Collective Action Clause）が決定された。ここで、一三年以降にユーロ圏で新規に発行されるすべての国債に、ＣＡＣが適用されることになった。

これは、債券を発行するさいに、発行体と投資家の間で取り交わされる条件で、発行体が財政危機などにおちいったばあい、たとえば四分の三など一定の割合の投資家の合意のもとに、債券の条件を変更できるというものである。

ＣＡＣによって、ユーロ圏の国債利回り格差は、ある程度は恒常的なものになる。国債がデフォルトしたときに、投資家にも自己責任が問われるからである。とすれば、投資家が国債投資に慎重になるので、ギリシャ危機を招来したような放漫財政がある程度は回避することができる。

欧州版ＩＭＦは、所得の移転システムであり、部分的な財政の統合ということができるが、このＣＡＣが十分に機能することによって、ユーロは、あらたな段階に移行したということができるであろう。というのは、ＣＡＣは、長期金利の格差をつうじて、マクロ経済の均衡是正につながるものとかんがえられるからである。為替市場で失われてしまった各国のマクロ調整システムをある程度、債券市場に担わせようとする仕組みであって、単一通貨ユーロのシステム・バージョンアップということができるからである（佐久間浩司『エコノミスト』二〇一一年一月四日）。

ヨーロッパ諸国は、あくまでも、ユーロを守る意思をしめしたものということができる。

(2) ユーロ導入の矛盾とドイツの利益

単一通貨圏の現実的矛盾

ユーロの致命的問題点は、ひとつは、通貨主権と財政主権が乖離しているところにある。すなわち、「EU基本条約」によって、ユーロ導入国は、国家主権の一部である通貨主権をECBに委譲したものの、財政主権などそれ以外の国家主権は、すべて導入国に帰属したままだからである。

それは、国家主権を超国家機関にすべて委譲する政治統合の実現というのは、それほどかんたんではないので、とりあえず通貨だけ統一しようというものだったからである。

じつは、それは、もはや経済統合ではなく、政治統合に踏み込んでいるということを、みんな知っていたがあえて目をつぶった。

したがって、ユーロ導入後も財政規律を遵守させるために、「安定・成長協定」が事前に締結された。たとえば、財政赤字の対GDP比三%以内などの規定を遵守できず、財政赤字是正勧告を受けたとしても、財政赤字を削減しなければ、罰金をとるというものである。

ところが、ドイツやフランスは、二〇〇一年あたりから、規定を超えて財政赤字を増やしたとき、欧州委員会から出された赤字是正勧告を黙殺した。さすがに、欧州委員会は、独仏に制裁を科すことなどできるはずもない。しかも、その後、なんと、景気後退期には、財政赤字がGDP比三%を超えても、制裁措置は発動しないという条項が盛り込まれた。

要は、ユーロ圏は、国家ではないので、国家主権については不可侵、ということなのである。かくして、ドイツやフランスが協定破りをおこなったことで、この協定は、事実上空文化してしまった。ギリシャはじめ南欧諸国などの財政規律が乱れはじめたのは、そのためである。

もうひとつの致命的問題点は、金融政策と経済政策の齟齬である。ＥＣＢによる金融政策は、ドイツやフランスなどの景気を考慮して遂行される。独仏で景気が悪くなれば、金融を緩和する。独仏以外の国の景気がいいと景気が過熱して、資産バブルなどが発生する。増税や賃金の引き上げなどによって、景気の過熱をおさえなければならなくなる。

三つ目は、ユーロ導入でアイルランドや南欧諸国などで、景気が過熱してきたことである。それは、ユーロ導入で従来の高インフレ国でインフレが鎮静化し、金利も低下したからである。そうすると、住宅ローンなどのニーズが増大し、住宅バブルが発生した。

ギリシャなどでは、いくらでも国債が消化できたので、放漫財政によって景気が高揚した。公務員を増やし、人件費を湯水のように使ったからである。結果、国債バブルが発生した。

四つ目は、南欧諸国などでの労働コストがいちじるしく上昇したことである。二〇〇〇年から〇八年にかけて製造業単位労働コストは、ギリシャが五六％、イタリアが三一％、スペインが一二％、ポルトガルが一二％と大幅に上昇した。

ドイツはといえば、三・一％のマイナスであった。二〇〇〇年代初頭に労働改革などを断行したドイツは、低コストを武器に輸出を拡大することができたのである。

五つ目は、かなり深刻な問題であるが、経済・競争力格差によって、同じユーロを使うにもかかわらず、国によってユーロの価値が異なってしまったことである。

これは、ドイツにとってはきわめて都合のいいことであるが、そのほかの国にとっては、とんでもないことである。単一通貨ユーロの深刻な矛盾である。

多くの国がユーロを導入したことは、巨大な単一通貨経済圏が登場したという点で経済的意義は大きい。それでも、ギリシャばかりか、イタリアやスペインやポルトガルなどは、通貨統合に参加させるべきではなかった。

とはいえ、米ドルにたいするヘッジ通貨が必要であったので、アメリカに匹敵する経済圏の構築が要請された、ということもまた事実である。ユーロが国際通貨として広く使われるためには、背景に強力な経済力が不可欠だからである。

もちろん、通貨統合への準備がすすめられた一九九〇年代には、インフレによる経済成長よりも、物価の安定のもとでの経済成長が好ましいというのが、国際的なコンセンサスになりつつあった。したがって、南欧諸国も抜本的な財政赤字の削減に取り組んだ。

同じ南欧諸国であるギリシャも、ユーロを導入すべく、財政赤字の削減に取り組んできた。ところが、一九九九年の通貨統合発足時には、さすがにギリシャは参加できなかった。単年度の財政赤字の対GDP比三%以内、という基準をクリアできなかったからである。

通貨統合参加基準にはいくつかあるが、もうひとつ重要な指標は、政府債務残高の対GDP比六〇%以内である。ところが、この基準をクリアした国は、それほど多くはなかった。単年度の財政赤字が少なければ、残高が増えることがないからである。

したがって、単年度の財政赤字のGDP比三%以内、という基準がおかれているであろう。ユーロ導入を希望した国で、単年度の財政赤字の対GDP比三%以内をクリアできなかったのは、ギリシャだけであった。二〇〇一年にギリシャは、ようやく三%以内をクリアしたとしてユーロを導入したが、それが虚偽だったことが〇四年にあきらかになっている。

ギリシャのユーロ導入

ギリシャのEU加盟とユーロ導入が可能だったのは、政治的論理でしか説明できない。ギリシャは、ヨーロッパ文明の源であり、東西冷戦期には、対「社会主義」の防波堤であった。イスラム世界との境界線にあり、軍事的な要であるなどの理由によるものであろう。

ドイツなどは、ギリシャをはじめ南欧諸国をユーロ圏に入れることによって、世界経済・金融危機下での世界通貨戦争において、逆説的な意味で重要な役割をはたすなど、当初は、まったく想定していなかっただろう。

結果的には、輸出依存度の高いドイツは、ユーロ安で多大の便益を享受した。

重債務国への資金流入

ギリシャなどの重債務国の国債は、償還がむずかしくあまり売れないので、国債価格が低下して長期金利が上昇する。そうすると、ドイツやフランスなどの銀行は、これらの国債に投資して膨大な利益をあげた。ユーロ導入以来、ギリシャ危機まで、ドイツ国債との利回り格差がほとんどなかったのはそのためである。

ほんらいは、ギリシャ国債の方がドイツ国債より金利が高いのに、利回り格差がないということは、外国の銀行などの投資家が、安心してギリシャ国債を購入したからである。

重債務国の財政規律がゆるんできたのは、いくら国債を発行しても消化できたからである。ギリシャ国債などがデフォルトすれば、ユーロ崩壊の危機にいたるので救済されるはずである。したがって、とくにユーロ圏から巨額の利益をえているドイツなどは、けっしてギリシャを見捨てることはないとして、銀行などが、積極的に重債務国国債に投資した。

もちろん、それだけで欧州債務危機にいたらしめるほどの国債投資がおこなわれることはない。それを可能としたのは、もしもギリシャが国家破産しても、重債務国の国債がデフォルトしても、それをヘッジする手段があったからである。ＣＤＳがそれである。

国債発行国のリスクが高いばあい、ＣＤＳを購入すればリスクは「ゼロ」となる。デフォルトすると損失を補償してもらえるからである。ユーロ圏やユーロに自国通貨を連動させているイギリスなどの銀行は、為替リスクも信用リスクも事実上「ゼロ」の投資をおこなってきた。だから、ギリシャ救済というのは、独仏英の銀行救済にほかならないのである。

このように、とりわけ重債務国は、発行した国債を大量に引き受けてくれる投資家がいたので、国債を増発しつづけ、ついには財政危機と債務危機を招来した。

　　ユーロ導入によって、最大限のメリットを享受しているのは、ドイツにほかならない。

経済圏内でのドイツのメリット

ＥＵやユーロ圏というのは、事実上の「ブロック経済」ということができる。したがって、広大な経済圏を構築することによって、相対的に競争力のあるドイツ企業のビジネス・チャンスはきわめて大きく、加盟国を増やすことでさらに広がる。「ブロック経済」であれば、日米の企業と対等に競争する必要はないので、収益性も相対的に高くなる。

単一通貨圏なので為替リスクもない。というよりも、単一通貨なので為替差益はないが、ドイツなどにとっては、むしろ「為替利益」ともいうべきものがきわめて大きい。

経済的に遅れた国がユーロを導入すると、ドイツの利益は大きくなる。ユーロ導入前であれば、ギリシャ危機でマルク高・ドラクマ（ギリシャの以前の通貨）安になる。ところが、両国が同じ通貨を導入したので、逆に「マルク安・ドラクマ高」となってしまった。

したがって、ユーロの導入で、ドイツの輸出がいちじるしく有利となり、ギリシャなどの南欧諸国が、輸入で実質的に大損してきた。しかも、ヨーロッパの住宅・国債バブル期には、ギリシャのひとびとは、ドイツの高級車であるベンツやBMWをはじめ、さまざまなドイツ製品を大量に購入した。

ドイツ企業は、モノの販売と割安なユーロで二重に利益をあげた。すさまじい緊縮財政をせまられているギリシャのひとびとが、少しは儲けを返せというのも、もっともなことなのである。ヒトラーに略奪された財産を返せという要求も出された。

経済圏外でのドイツのメリット

ユーロ圏に、経済的に弱い国々をかかえこむと、ユーロは弱い通貨になる。ユーロ導入にあたって、ドイツがもっとも警戒したことである。予想は的中し、二〇一〇年にギリシャ危機が顕在化すると対ドルでも、対円でもかなりのユーロ安になった。ところが、事前の懸念は吹っ飛んでしまった。なんとドイツの輸出が絶好調となり、ドイツ再統一以来の空前の好景気を享受した。

インフレが高進すると、ECBは、金融引き締めなどをおこなわなければならないが、ギリシャ危機などでユーロが動揺し、ユーロ安になっても、引き締めの必要はない。金融引き締めで、ユーロ安は止まるが、インフレが高進していなければ、その必要はない。

もちろん、ユーロ安によって、輸入物価が上がってインフレ懸念が出てくれば、ECBは、政策金利の引き上げなど金融引き締めをおこなう。したがって、インフレが鎮静化しているなかでユーロ安になっても、その結果、インフレが高進しないと見込めばECBはまったく動く必要はない。

こうして、ギリシャ危機が顕在化してユーロ安になったが、おかげでドイツは、ユーロ安のメリットを十分に享受できている。こうして、ドイツなどは、ユーロ導入によって、ユーロ圏内外で二重の利益をえている。

しかも、意図的なユーロ安誘導ではなく、ユーロの致命的欠陥によって、ユーロ安になっているので、国際的な批判をあびることはない。むしろ、同情されている。

したがって、ドイツの政治家や企業にとっては、ギリシャのように「ろくに働かず、遊んで暮している国民」をどうしてドイツ国民の税金で救済するのかと、いうきびしい批判を受けても、ユーロから離脱するとか、ユーロを解体するとか、そういう選択肢はありえないのである。

もちろん、ドイツ国民の批判をかわすために、「ユーロ圏から出ていけ」とか「ギリシャの島を売れ」とか、威勢のいいことをいっているにすぎない。

もし、ユーロが三割安くなれば、ドイツは、一年間で一五兆円あまりの為替差益を獲得できる。ギリシャへの数兆円の金融支援をはるかに上回る。ユーロ安での為替差益は、ギリシャへの金融支援をおこなっても、かなりのおつりがくる。

(3) 財政規律の強化

EFSFとESM

前述したように、二〇一〇年五月にEUは、ＩＭＦと協力して欧州金融安定基金（ＥＦＳＦ）を設立した。一〇年一二月一六・一七日に開催されたEU首脳会議は、欧州版ＩＭＦ（欧州安定メカニズム―ＥＳＭ）を一三年六月に発足させることで合意した。

ユーロ圏諸国の恒久的な金融システム安定のための欧州版ＩＭＦは、緊急融資制度であるＥＦＳＦを引き継ぐことになった。

ＥＳＭは、マーケットで資金調達が困難になったユーロ圏諸国にたいし金融支援をおこなう。同時に「集団行動条項」が適用される。

二〇一一年一二月八・九日に開催されたEU首脳会議で、抜本的かつ踏み込んだユーロ防衛策が合意された。ここで、EMSを一二年七月に前倒しで設立することがきめられた。

二〇一二年六月二九日に開催されたEU首脳会議では、ESMが銀行救済などのために各国政府を経由せずに直接資本注入をおこなうこと、マーケットの安定のために、南欧国債の購入に柔軟に対応することが決定された。

ユーロ圏諸国は、銀行危機が深刻化しているスペインには、最大一〇〇〇億ユーロの支援を決定するなど、銀行危機への対応を急いできた。一九二九年世界恐慌は、銀行恐慌の勃発で深刻化したという教訓からである。

しかも、ユーロ圏諸国は、緊縮財政一辺倒では、抜本的な財政赤字の削減はできないことはわかっていたし、重債務諸国ばかりかフランスなどでは、緊縮財政に反旗を翻す勢力が台頭してきた。

そこで、この首脳会議で、欧州債務危機で後退する景気のテコ入れと雇用の確保のために、一二〇〇億ユーロ規模の「成長・雇用協定」で基本合意した。ユーロ圏は、経済成長に配慮しながら、緊縮財政をすすめていこうとしている。

経済統合から政治統合へ

二〇一一年一二月一三日に、放漫財政のユーロ圏諸国を、自動的に制裁することができる「新安定・成長協定（財政協定）」が施行された。同協定は、ユーロ圏諸国が財政赤字の対GDP比三％以内の基準を達成できないばあい、欧州委員会が制裁の発動を勧告するというものである。EU加盟二八ヵ国の財務相理事会で反対多数でなければ、最終的に預託金の没収などの制裁が科せられる。

この仕組みは、通常の多数決と違って、反対が多数にならなければ、欧州委員会の勧告どおりに制裁が発動されるので「逆多数決」とよばれる。EU加盟国が制裁の発動を阻止するのがむずかしくなるので事実上の自動制裁となる。

同時に施行されたのが、ユーロ圏諸国の不均衡是正手続きである。財政赤字が累積する背景には、経常収支や賃金水準の不均衡がある。とくに重債務国にこの不均衡が目立っている。そこで、これらの不均衡の是正をおこなわないと、最終的に制裁措置が発動される。

さらに、ユーロ圏諸国の予算編成への介入制度も検討された。この制度では、過剰赤字国は、自国の議会に予算案を提出する前に、財務相理事会と欧州委員会に内容を報告しなければならない。必要に応じて予算案の再提出、すでに議会で成立した予算の修正ももとめられる。この制度は、国家主権の根幹にも踏み込むものである。

欧州債務危機の大きな要因のひとつは、ユーロ圏の財政規律の乱れにあった。財務相理事会と欧州委員会が、ユーロ圏諸国に、財政規律を強制的に遵守させる権限がなかったからである。「新安定・成長協定（財政協定）」と不均衡是正手続きは、財政主権のかなりの部分を財務相理事会と欧州委員会に委譲するものであって、実質的には、政治統合に一歩を踏み出したということができるであろう。

ユーロが米ドルなみの国際通貨になるには、政治統合が不可欠であるが、現状では、とうてい不可能である。したがって、ユーロ防衛の切り札は、かぎりなく政治統合に接近するということしかない。

財政規律強化の新条約

財政規律強化を条約に引き上げるのが、ドイツとフランスの提起した「財政規律条約（「新財政協定」）」である。この協定は、ユーロの致命的欠陥である、通貨主権と財政主権の乖離をかなり克服する画期的なものである。

二〇一一年一二月のEU首脳会議で、財政規律強化のためにEU基本条約である「リスボン条約」の改正が提起された。

ところが、国家主権の委譲に大反対するイギリスの抵抗で、条約改正は不可能であった。そこで、二〇一二年三月二日に、イギリスと憲法上で問題があるチェコをのぞくEU二五ヵ国首脳が「財政規律条約」に調印した。

新条約の概要は、ひとつは、「憲法」や「基本法」を改正して、財政赤字ゼロの均衡財政の達成と維持を義務付けて、過剰な財政赤字を是正できない加盟国には、EU司法裁判所が制裁金の支払いを命令するというものである。

この新条約は、全会一致の原則を適用せずに、当時のユーロ圏一七ヵ国のうち一二ヵ国が批准すれば発効することになっていた。二〇一二年七月に設立される欧州安定メカニズム（ESM）による支援は、新条約を批准した加盟国だけが受けられることになっていた。

新条約は、五年以内にEU全加盟国の一致で、EUの基本条約に格上げすることをめざすことになったが、イギリスが大反対したので、それはかなりむずかしかった。とはいえ、イギリスと憲法上の理由によるチェコをのぞくヨーロッパ大陸諸国は、ユーロ防衛に大きく転換することになったといえよう。

政治統合はおろか、通貨統合にも徹底的に反対してきたイギリスが、EUから離脱することになったので、ヨーロッパ大陸諸国は、財政規律の徹底に突き進むことになるとおもわれる。

「新財政協定」は、当時のユーロ圏一七ヵ国のうち一二ヵ国が二〇一二年一二月二一日までに批准をしたので、一三年一月一日に発効した。

この協定によって、加盟国に中期財政目標として、財政均衡または構造的財政収支で名目ＧＤＰ比〇・五％までの赤字におさえ、もし目標から乖離したばあいの是正方法や各国に目標の遵守を監視する独立機関をもうけ、これらを各国の「憲法」などに規定することがもとめられた。

第五章　経済支配の政治「支配」への深化

ナポレオン戦争に敗れて、科学・技術開発と実学といわれてきた工学の振興を強力に推進したドイツ（プロイセンなど）は、一九世紀末に重化学工業というあたらしい生産力段階への移行を牽引した。それがまた、ドイツを世界戦争に突入させる経済的要因ともなった。

第二次世界大戦では、ヨーロッパ大陸諸国を侵略するとともに、ユダヤ人の大量迫害（ホロコースト）をおこなったので、戦後、平和と人道に対する罪の謝罪をせまられた。さらに、米ソ冷戦体制への移行にともなって、先進国として唯一、東西に分割された。西ドイツ資本主義は、戦争への謝罪をせまられるとともに、東ドイツ農業と東欧市場を失ったので、西欧の統合に参加せざるをえなかった。

フランスなど西欧諸国は、西ドイツに戦争をさせないために、西欧統合をすすめ、徹底的なドイツ封じ込め政策をとった。ドイツは、政治・軍事的には跳ね上がらず、フランスなどにまかせ、みずからは、経済的利益の追求に特化した。第二次世界大戦後、西欧の統合への加盟国の増加と統合の深化が、急速に進展したのはそのためである。

ところが、一九九〇年一〇月に東西ドイツ再統一が実現し、戦前のドイツ帝国「復活」の懸念が出てくるなか、九一年のソ連邦崩壊によって冷戦が終結すると、ドイツが、西欧による封じ込め政策から離脱してしまう危険が出てきた。ドイツの東欧回帰がそれである。

そこで、西欧諸国は、ドイツからのドイツ・マルクの取り上げと中東欧諸国のEUへの加盟を促進した。こうして、EUは、西欧と中東欧諸国を包含する巨大経済圏に生まれ変わった。

一九九九年一月に単一通貨ユーロが導入されると、南欧諸国を中心に住宅・国債バブルが発生した。アメリカでリーマン・ショックを契機にバブルが崩壊すると、深刻な欧州債務危機におそわれた。ユーロ安になったので、輸出大国ドイツはしばらく好景気を謳歌した。おかげで、財政赤字も減少し、二〇一四年からは単年度で財政黒字を計上している。

欧州債務危機に対応するために、ドイツは全面出動している。重債務国にたいして、金融支援をおこなう前提条件として、きびしい財政赤字削減・緊縮財政を強制している。国家破産を回避するために、重債務国は、ドイツにしたがうしかない。重債務国でなくても、膨大な財政赤字をかかえる国が多く、ドイツのように金融支援をおこなうことができないので、ドイツのいうことを聞くしかない。

こうして、ドイツは、EU・ユーロ圏の経済を支配するばかりか、「財政協定」や銀行監督などをはじめ多くの側面で、政治的にも「支配」するようになってきている。経済支配の政治「支配」への深化である。

ドイツ封じ込め政策の結果、逆に、EUが、ドイツに経済的ばかりか、政治的にも「支配」されるようになってしまった。世界史のパラドックスといえるかもしれない。

「規制帝国」欧州連合（EU）を経済的・政治的に「支配」下におさめるにいたったドイツを、現代のドイツ〝帝国〟といっても過言ではないかもしれない。

1　ヨーロッパのドイツと軍事

（1）ドイツの台頭

ドイツにしたがうヨーロッパ

二〇〇九年一〇月にギリシャ財政危機があきらかになり、欧州債務危機が勃発した。ほおっておいたらギリシャがデフォルト（債務不履行）する。世界中が、リーマン・ショックにつづくユーロ崩壊世界恐慌におののいた。

しかしながら、ドイツは悠然としていた。ギリシャの国債発行残高は、たかだか三〇兆円あまりにすぎない。ギリシャに資金が枯渇したら、中央銀行・ドイツ連銀がギリシャ中央銀行に貸してやればいいだけのことだからである。

もちろん、あまりそれを公然と実行するわけにはいかないので、ドイツは、欧州連合（EU）だけでなく、国際通貨基金（IMF）まで引っ張り込んで、金融支援のスキームを構築した。数次にわたる金融支援で、ギリシャ危機はとりあえず終息した。

ところが、ドイツは、転んでもただでは起きなかった。金融支援の条件に、ヨーロッパ諸国にきびしい財政規律を要求し、ついに、「財政規律条約（財政協定）」を押し付けた。これは、可能なら「憲法」に健全財政を明記せよというものである。

しかしながら、事態は、ドイツのもくろみどおりにはすすまなかった。二〇一五年一月二五日のギリシャの総選挙で、緊縮財政反対派が勝利し、ふたたびギリシャ危機が勃発したからである。

ドイツがギリシャを見捨てれば、ギリシャ国債がデフォルトし、ユーロ崩壊の危機をむかえてしまう。

ばならない。

ヨーロッパ諸国は、もはやドイツにすがるしかすべはないし、いうことを聞かざるをえなくなった。どうして、ヨーロッパ諸国は、経済的にはもちろん、政治的にも、ドイツにしたがうようになったのか。それを理解するには、第二次世界大戦後の米ソ冷戦体制とドイツがおかれた特殊な事情をみなければならない。

牙を抜かれたはずの西ドイツ

第二次世界大戦後、ドイツを戦争しない平和国家に生まれ変わらせることが、西欧諸国の悲願であった。それは、期せずして米ソ冷戦という、それまでとはまったく異なった政治体制が登場するという世界史の大転換によって実現した。

戦前ドイツ帝国の経済圏だった東欧諸国が「社会主義」化し、ドイツ帝国は、東西に分割され、かろうじて、資本主義陣営に残った西ドイツ（ドイツ連邦共和国）は、東欧市場と東ドイツ農業地帯を失うことによって、かつての栄光が消え去った。

そのことによって、ドイツの侵略性は、完全に払拭されたはずである。だが、大戦で国土を蹂躙された西欧諸国は、けっして安心することなどできなかった。ヨーロッパのひとびとは、第一次世界大戦後の悪夢にうなされつづけてきたからである。

すなわち、第一次世界大戦での敗戦国ドイツの牙が抜かれ、まれにみる民主的憲法といわれた「ワイマール憲法」のもとに、「平和国家」に生まれ変わったはずなのに、なんとヒトラーが政治の表舞台にあらわれ、戦争経済を構築し、多くのユダヤ人を迫害し、世界中を第二次世界大戦に引っ張り込んでしまったからである。

東欧市場と東ドイツ農業地帯を失った西ドイツが、経済を成長させようとすれば、西欧市場とフランス農業への依存が絶対不可欠であった。西欧依存に転換するには、ドイツ再統一の実現ということからも、フランスに楯突くことはできなかったし、侵略戦争とユダヤ人迫害に謝罪しなければならず、政治的・軍事的に跳ね上がることはできなかった。

そのことを見越したのか、西欧諸国は、西ドイツを西欧統合に参加させる前提条件として、政治・軍事の主導権を放棄することをせまった。

したがって、西ドイツは、アメリカとの連携をはかるものの、西欧統合に参加し、政治・軍事主権を事実上「放棄」し、ひたすら経済成長を追求した。一九五五年に再軍備をし、国防軍を保有したものの、独自に軍の展開はできない仕組みになっている。

このように、戦後のドイツは、西欧諸国から完全に牙を抜かれたはずであった。

こうしたことから、一九九〇年のドイツの再統一のさいに、ドイツの知識人のなかからさえも、統一により強大化し、ふたたびヨーロッパを侵略する懸念があるので、再統一に反対するという意見すら出された。

（2）ドイツ基本法と軍事力

「ドイツ基本法」の制定

第二次世界大戦後、ドイツは、米英仏ソの四ヵ国によって分割占領された。冷戦対抗があらわになっていくなかで、一九四八年六月に「ロンドン協定」にもとづいて、西側の米英仏三ヵ国の占領地域を統合して、西ドイツ地域に適用される新「憲法」を制定することで合意された（高橋和之編『世界憲法集』岩波書店、二〇一二年）。

「憲法」制定のために一一ラント（州―かつての王公国や都市国家など）の首相に「憲法」制定会議の招集権限があたえられた。一一のラント首相は、「憲法」の制定は、ドイツが統一された後とし、暫定的な

「基本法」の制定のために、一九四八年七月にラント議会の代表者で構成される議会評議会の招集をきめた。

一九四九年五月八日に議会評議会で可決された草案が、一二日に占領三ヵ国の同意をえたうえで、二二日までにバイエルンをのぞく一〇のラントの議会（三分の二が要件）で承認された。こうして、「ドイツ連邦共和国基本法」が二三日に公布され、二四日に発効した。ただし、西ベルリンは占領状態が継続されることになった。

実質的な西ドイツの「憲法」は、西ドイツの暫定的な首都とされたボンで審議されたので、「ボン基本法」ともよばれた。ちなみに、首都が西ドイツの大都市フランクフルト（アム・マイン）などではなく、ボンとされたのは、西ドイツが統一までの暫定的国家であることをしめすためであったといわれている。ほとんどドイツのひとびとは、西ドイツの首都は、マイン川ぞいにあるフランクフルトがふさわしいとかんがえていたはずなので、そうではない、暫定的ということをしめすためだったのであろう。

ヨーロッパ防衛体制

第二次世界大戦後の米ソ冷戦体制のなかで、西ヨーロッパは、結束してソ連に対抗しなければならなかった。そこで、一九四八年三月にイギリス、フランス、ベネルクス（ベルギー、オランダ、ルクセンブルク）の五ヵ国の間で、「ブリュッセル条約（経済的、社会・文化的協力ならびに集団的自衛のための条約）」が締結された。これは西方連合（WU）とよばれた。

ここでは、「いずれかの締結国がヨーロッパで武力攻撃の対象になったときには、他の締結国は、国際連合憲章五一条の規定に従って、攻撃を受けた当事国に対して、できるかぎりすべての軍事的および他の助力・援助を与える」として、集団的自衛権がうたわれた。

当初は、「ドイツによる侵略政策がよみがえったとき」には、必要な措置をとるとされていた。もちろん、ソ連を対象とするものであったが、ドイツの脅威にそなえるという側面もあったのであろう。一九四九年四月には、アメリカ、イギリス、フランス、イタリア、ベルギー、ベネルクス、ポルトガル、デンマーク、ノルウェー、アイスランド、カナダの一二ヵ国によって、「北大西洋条約」がワシントンで調印された。この条約は、「NATO（北大西洋条約機構）条約」とよばれている。五二年二月には、冷戦の最前線であるギリシャとトルコがNATOに加盟した。

NATOは、「国際連合憲章第五一条の規定によって認められる個別的または集団的自衛権を行使して、北大西洋地域の安全を回復し、維持するために必要と認める行動（兵力の使用を含む）を個別的におよびほかの締結国と共同してただちにとることにより、その攻撃を受けた締結国を援助する」として、集団的自衛権の行使をかかげている。

冷戦下で、西ドイツも再軍備が必要になったが、そのばあいでも、勝手な軍事行動ができないようにする必要があった。そこで、再軍備をしたドイツに、自律的に軍事活動ができる国防主権をあたえずに、西ヨーロッパの防衛に参加させる方策が模索された。

そこで、一九五二年五月にフランス、ドイツ、イタリア、ベネルクスによって「欧州防衛共同体（EDC）設立に関する条約」が調印された。ところが、五四年八月にフランスの国民議会がこの条約の批准を拒否してしまったので、この条約が日の目をみることはなかった。

ドイツのNATOへの加盟

西ドイツおよび西ベルリンは、戦後、米英仏三ヵ国によって分割占領された。一九四九年九月に、米英仏三ヵ国の占領地域が西ドイツとして建国された。

しかしながら、三ヵ国は、占領による駐留の根拠とされた戦争法上かつ信託関係上の駐留権を継続維持していたので、駐留は、ドイツの再統一まで継続することになった（松浦一夫「ドイツにおけるNATO軍地位協定・補足協定の運用について」『駐留米軍地位協定の運用実態等に関する調査』参議院外交防衛調査室、二〇〇二年）。

ベルリンも四ヵ国によって占領されたが、米英仏三ヵ国の占領地域が西ベルリンとなった。ただ、ここでは、占領状態がつづけられたので、連邦議会の西ベルリン選出議員は、オブザーバーの資格でしか国会に参加することができなかった。

「NATO条約」では、集団的自衛権を行使するということが規定されているので、西ドイツと西ベルリンの米英仏占領軍にたいする攻撃というのは、「NATO条約」締結国への攻撃とみなされた。したがって、西ドイツと西ベルリンは、NATOの領域ということになる。

ところが、ドイツは、敗戦後に武装解除され、非軍事化されていたので、自国に駐留する占領軍が攻撃されても、反撃することができない。そこで、西ドイツの再軍備の必要性が出てきた。

そのため、一九五四年一〇月に「ブリュッセル条約」が改定され、西ドイツとNATOとの緊密な協力がうたわれた。そのうえで、イタリアと西ドイツに「ブリュッセル条約」への加盟がみとめられた。

そして、条約締結国によって西欧同盟（WEU）理事会が設置された。これは、西方連合にかわって西欧同盟と名乗ったものである。とうぜんのごとく改定以前にあった「ドイツによる攻撃的政策の復活」を警戒するという文言は削除された。

こうして、一九五五年五月五日に西ドイツはNATOに加盟した。改正「ブリュッセル条約」と「NATO条約」加盟にあたって、西ドイツにたいする米英仏三ヵ国の占領状態が終了し、国防主権を回復して、連邦軍を創設することになった。

もちろん、西ドイツの再軍備には周辺諸国の反発が強かった。そこで、西欧同盟に加入するさいに、当時の西ドイツのアデナウアー政権は、装備する軍備は通常兵器だけにし、ABC（核・生物・化学）兵器を保有しないことをあきらかにした。

再軍備のための「基本法」改正

「日本国憲法」は第九条で戦争放棄をうたっているが、ドイツの「憲法（基本法）」にはそのような規定はない。しかも、ドイツの「基本法」は、日本と違って、連邦議会（下院）と連邦参議院（上院）のそれぞれで三分の二の特別多数があれば改正できる。国民投票の規定はない。

したがって、ドイツでは、実態にあわせてたびたび「基本法」の改正がおこなわれてきた（阿部照哉・畑博行『世界の憲法集』有信堂、二〇〇〇年）。

最初の重要な改正は、再軍備と徴兵制の導入であった。反対も強かったが、一九五四年に「基本法」第七三条が改正されて連邦の任務のなかに、国防が盛り込まれた結果、「基本法」上で再軍備が可能となった。こうして、五五年には、志願兵によって連邦軍が創設されるとともに、北大西洋条約機構（NATO）と西欧同盟（WEU）に加盟し、西ドイツは、西ヨーロッパの防衛体制に組み込まれることになった。

一九五六年にも「基本法」が改正され、再軍備の法体系が整備された。

第一二a条で徴兵義務が定められた。すなわち、「男子に対しては、満一八才より、軍隊、連邦国境警備隊、または民間防衛団体における役務に従事する義務を課することができる」（第一項）が、ただし、「良心上の理由から武器をともなう軍務を拒否する者に対しては、代役に従事する義務を課することができる」（第二項）とされ、徴兵を忌避するものは、老人ホームなどの公的施設でのボランティアをすればよいことになった。

徴兵制は、二〇一一年七月一日に停止され、志願制と公的施設でのボランティアにかわる連邦ボランティア役務が導入された。停止であって、廃止ではないのは、緊迫事態や防衛出動事態などが発生したときに復活できるように、「基本法」上の規定を残すためである。

連邦軍の創設

「基本法」第八七a条第一項で、「連邦は、防衛のために軍隊を設置する」として軍隊の設置が定められ、同第二項で「軍隊は、防衛のために出動する場合以外には、この基本法が明文で認めているかぎりでのみ、出動することが許される」として軍隊の出動が定められ、同第三項で「軍隊は、防衛出動事態および緊迫事態において、軍隊の防衛任務を遂行するのに必要なかぎりで、民間の物件を保護し、交通規制の任務を引き受ける権限を有する」として軍隊の任務が規定された。

この再軍備の過程で、フランスをはじめ周辺諸国のドイツへの警戒心に配慮して、兵力の上限を設定するとか、核・生物・化学兵器という、いわゆるＡＢＣ兵器を製造も保有もしないということを自主的に申し出ていた。

とくに重要なことは、ドイツが独自に指揮できる部隊を少なくし、大部分の戦闘部隊がＮＡＴＯのもとで行動するようにした。陸軍は、一九九〇年まで独自の参謀本部すらもたなかったという（加藤秀治郎『ドイツの政治／日本の政治』人間の科学社、一九九七年）。

東西冷戦が激化すると、ドイツも核武装する必要が生まれた。与野党の激論のすえ一九五八年に連邦議会が核武装決議をおこなって、ドイツにＮＡＴＯの核兵器が配備された。もちろん、核兵器の製造も保有もしないということを原則としているので、ドイツは、核兵器の発射権限をもたないということで、ドイツ国民の合意を取り付けた。

こうして、ドイツは、「核の傘」に入ることで安全保障を実現しようとした。

しかし、「基本法」において、国家主権にかかわる大問題がまだ解決されていなかった。一九五五年に西ドイツは主権を回復したが、ドイツ駐留の米英仏三国が、非常事態が起きたばあいに、介入する権限を留保していたからである。この権限を消滅させ、主権の完全回復には緊急事態に関する法整備が必要であった。

冷戦下で、ソ連からいつミサイル攻撃を受けるかわからない、という危険な状態にもおかれていた。与野党の対立する法律であったが、一九六六年に大連立政権が誕生したのを契機にして本格的に検討され、六八年に「非常事態法」が成立するとともに、「基本法」も改正されて「第一〇a章　防衛出動事態」が追加された。

防衛出動事態や緊急事態は、ヒトラーが乱用したという経験から、できることが第一一五a条―l条と一二条にもわたり詳細に規定され、どんな緊急事態であったとしても、国会での事前承認が義務付けられている。

もしも、国会での事前承認がむずかしいばあいには、あらかじめ数名の国会議員を選出して合同委員会を組織しておき、過半数の委員による承認が必要とされている。

2　ドイツのEU政治「支配」

(1)戦後のドイツ封じ込め戦略

ドイツ封じ込め戦略

第二次世界大戦後、ドイツを二度と戦争のしない平和国家に生まれ変わらせるということが、西欧諸国の悲願であった。それは、期せずして、「社会主義」体制の成立という、それまでとは、まったく異なった政治体制が登場するという、世界史の大転換によって実現することになった。

戦前ドイツ帝国の経済圏であった東欧諸国が、のきなみ「社会主義化」し、ドイツ帝国は、東西に分割された。かろうじて資本主義陣営に残った西ドイツは、かつての栄光を完全に失ってしまっていた。というのは、東欧市場と東ドイツの農業地帯を失うことによって、西ドイツは、一国経済としては、いびつなものとならざるをえなかったからである。すなわち、戦前の自律的な再生産構造を維持できなくなってしまった。

もちろん、強大な軍事力と軍事産業が解体され、東西分割で経済が弱体化することで、ドイツの侵略性は、完全に払拭されたはずである。しかしながら、大戦で国土を蹂躙された西欧諸国は、それでもとうてい安心できなかった。

とうぜんのことながら、西欧諸国は、西ドイツを西欧経済圏に参加させる前提条件として、政治・軍事における主導権を完全に放棄することをせまった。したがって、西ドイツは、アメリカとの経済関係をある程度維持するものの、西欧統合の枠組みに組み込まれるために、政治・軍事主権を事実上「放棄」

し、ひたすら経済成長を志向する道を選択した。

西ヨーロッパ諸国は、ドイツ帝国が分割されて弱体化したものの、それでも満足できず、西ドイツを西ヨーロッパの統合下におくことにした。ようするに、完全に、ドイツを西欧の枠内に封じ込める政策をとったのである。

しかしながら、このドイツ封じ込め政策こそ、二一世紀にいたって、ドイツを〝帝国〟化させる大きな要因になったとかんがえられる。すなわち、封じ込められたはずのドイツが、逆に、経済的のみならず、政治的にもヨーロッパの「支配者」となってしまったということである。

ドイツ封じ込め政策の先頭に立ったフランスは、米ソ両超大国の狭間のなかで、栄光のヨーロッパを取り戻すために、ドイツを西欧統合に引き込んだ。

EEC・ECからEUへ

というのは、独仏連合を構築することによって、政治的のみならず経済的にも、強大な統合を実現することができるからである。フランスは、外交や政治力は高いものの、経済力はあまりない。

ドイツを西欧の枠内に封じ込めるには、経済的利益の獲得と引き換えに、ドイツから政治・軍事「主権」を取り上げればいい。かくして、第二次世界大戦後、ついに、フランスが政治・軍事の主導権をにぎり、ドイツが、経済活動に特化する「独仏分業体制」が構築されることになった。

ところが、分割されたとはいえ、国民国家たる西ドイツが、そうかんたんに政治・軍事「主権」を手放すはずがない。それは、国家主権の根幹をなすものだからである。したがって、ほんらいであれば、実効性のある西欧の統合というのは、けっして進展しないはずである。ここで、フランスは、巧妙にもドイツの戦争責任と東西分割を利用した。

ドイツは、侵略戦争とホロコーストを真摯に反省しなければ、西ヨーロッパに受け入れてもらうことはできない。そうであるとすれば、ドイツは、政治的・軍事的には跳ね上がらず、経済的な利益のみを追求するしかなかった。

さらに、ドイツが東西分割を解消し、再統一するには、分割占領に加わったフランスの承認が不可欠である。したがって、米英仏ソに統一条約を批准してもらうまでは、とくにフランスのいうことを聞かなければならなかった。

こうして、欧州経済共同体（EEC）・欧州共同体（EC）の設立後、欧州連合（EU）とすすみ、ついには、その実現は不可能とまでいわれた通貨の統合がなされるにいたった。これが、欧州統合の拡大と深化の政治的メカニズムであるとかんがえられる。

ドイツの東欧回帰

これまでみてきたように、西欧で経済統合が進展した最大の要因は、ドイツを西欧の枠内になんとしても封じ込めておくという政策にあった。すなわち、経済統合の進展で、西ドイツに経済的利益を獲得させるものの、政治は、フランスが担当し、軍事的には、北大西洋条約機構（NATO）の枠内におき、西欧統合から離反させないということであった。

こうして、西ドイツによるヨーロッパの経済「支配」の第一弾が確立することになった。おかげで、財政規律を守り、中央銀行が物価の安定の金融政策をとるという西ドイツ型の経済・金融政策が西欧経済の雛型になった。それが可能となったのは、西欧諸国の金融政策をドイツ連邦銀行が「支配」することができたからである。

こうしたなかで、一九七〇年代になると、西欧の統合のおかげで経済力を強化した西ドイツは、外交政策を大転換した。すなわち、それまでのアメリカとの連繋を重視してきた政策を転換し、ソ連との軍縮交渉をすすめるとともに、東方外交、すなわち東欧経済圏への回帰に大きく舵をきることになった。

これが、東欧回帰への第一弾である。

一九九〇年の東西ドイツの統一と九一年のソ連邦崩壊による冷戦体制の崩壊によって、西欧の統合に暗雲が垂れ込めてきた。というのは、統一ドイツが、西欧統合から、かつてのドイツ経済圏である東欧に本格的に回帰する懸念が出てきたからである。そこで、フランスをはじめ西欧諸国はふたつの手をうった。

ひとつは、通貨を統合して単一通貨圏を構築して、ドイツにさらなる経済的利益を獲得させることであった。しかも、フランスは、統一条約への調印と引き換えに、しぶるドイツに、通貨ドイツ・マルクを放棄させることに成功した。

もうひとつは、北欧・東欧諸国を西欧統合の枠組みである欧州連合（EU）に参加させることである。北欧と東欧が加盟すれば、西欧統合ではなく欧州統合になる。

じつは、ここに、西ヨーロッパ諸国の「大誤算」があったとかんがえられる。ドイツが、ヨーロッパを経済的に「支配」できるようになってしまうからである。しかも、いずれ、経済支配が政治「支配」に深化しようなどとは、西欧諸国首脳は、夢にもおもわなかったことであろう。

通貨統合の実現

EUは、一九九三年にヒト、モノ、カネ、サービスの移動を自由にする域内市場統合を実現し、九九年には、ついに単一通貨ユーロを導入した。ユーロの導入は、つねに高邁な理想をかかげるEUの、必然的に市場統合の次にくる目標にほかならなかった。

しかしながら、ユーロ導入が、たんなる経済統合の帰結などというものではなく、通貨主権の超国家機関への委譲という、政治統合に踏み込んでしまうことに、イギリスをのぞけば、多くのひとびとは目をつぶった。

域内市場統合（単一市場）までは、税制の統一をのぞけば、経済統合にすぎなかった。市場統合にも、税制の統一などの財政主権にかかわる項目がふくまれていたが、そのほとんどは実現しなかった。徴税などは、国家主権の根幹にかかわることだからである。

それでも単一市場が完成したのは、それが政治的な要請でおこなわれたものであって、実現したといわなければ、次の目標にはすすめず、統合の進展が頓挫してしまうからである。統合を進展させて、儲けさせることで、なんとしても、ドイツをヨーロッパに封じ込めておかなければならなかったのである。

税制の統一ができなかったので、税率などは、市場統合がはじまっても、各国バラバラである。

フランスがユーロ導入を推進した意図は、究極のドイツ封じ込め戦略にあった。すなわち、ドイツからマルクを発行する通貨主権を奪い取れば、戦争を遂行することができなくなるからである。

ヒトラーは、戦争経済を構築するのに必要な膨大な軍事費を調達するために、ドイツ中央銀行法を改悪し、中央銀行（ライヒスバンク）を金庫代わりにした。だから、ドイツから通貨主権を取り上げれば、戦争ができなくなるというわけである。

フランスの東西ドイツ統一条約調印と引き換えに、通貨統合を受け入れたドイツであったが、いざ再統一が実現すると、国民に信頼されるドイツ・マルクを放棄したくなかった。人間というのは、そういうものなのであろう。

そこで、ドイツ政府とドイツ連邦銀行（中央銀行）は、単一通貨を安定した強い通貨にするために、EU諸国が、通貨統合に参加できるための条件として、きびしい財政赤字削減をもとめた。そうすれば、健全財政の構築に比較的無頓着なフランスやイタリアなどが、通貨統合を放棄するとふんだからである。

ところが、そこに、ドイツの東欧回帰の意図を読み取ったフランスやイタリアは、すんなりとドイツの提案を受け入れてしまった。財政規律にこだわらない南欧諸国も、通貨統合に参加するため、財政赤字の削減をおこなった。ユーロを導入することが、自国の経済成長に寄与するとかんがえたからである。

こうして、ドイツは、緊縮財政をヨーロッパ諸国に強制したのである。ただし、財政赤字に打ちひしがれている日本をみるまでもなく、それ自体は、歴史的にみてきわめてただしい政策である。

ユーロ導入というのは、けっして、ドイツが主導したものではないものの、結果として、ドイツのヨーロッパの経済支配が政治「支配」に深化する突破口となるものであった。

(2) 欧州債務危機とドイツの台頭

バブル崩壊と欧州債務危機

西欧（南欧）諸国による経済統合とはいっても、ドイツなどの北部ヨーロッパ諸国と南欧諸国の経済理念の間には、埋めることのできない溝がよこたわっている。南欧諸国というのは、財政赤字やインフレの高進には、ほとんどといっていいほど頓着しないからである。

ところが、巨大な経済圏を構築して、アメリカに対抗するとか、ギリシャのように軍事的とか宗教上の事情などから、南欧諸国もユーロを導入することができた。

ギリシャのように、ユーロへの参加条件についてのデータを改ざんした国もあったし、イタリアのように、ユーロ導入後の返却を約束して、増税するような国もあったが、財政赤字の削減をある程度おこなったので、南欧諸国の金利はいちじるしく低下した。

そうすると、スペインやアイルランドなどでは、住宅・建設ブームがおとずれた。ギリシャやポルトガルなどでは、国債の発行金利が劇的に低下し、しかも、国債がいくらでも消化できた。前者が住宅・

建設バブル、後者が国債バブルであった。このような資産バブルが崩壊するのは、歴史の必然である。

じつは、二〇〇八年九月にアメリカで勃発したリーマン・ショックの前から、ヨーロッパの資産バブルは崩壊していた。リーマン・ショックが発生すると、投資・投機の失敗で膨大な損失をかかえた金融機関にたいして、各国政府が財政出動して救済した。そうしなければ、金融恐慌が勃発するからである。こうして、財政危機が深刻化した。

ギリシャなどでは、二〇〇九年一〇月の政権交代にともない、それまで隠蔽されていた膨大な財政赤字が表面化した。その結果、国債の償還に疑念をもった投資家が国債をマーケットで購入しなくなった。そうすると、既発債の償還資金を調達できないので、デフォルトにおちいる危険にみまわれた。これが、二〇一〇年五月に勃発したギリシャ危機である。

このユーロ崩壊による世界恐慌勃発の危機に対処したのが、もっぱらドイツであった。

経済支配による政治「支配」

ヨーロッパの「経済大国」であるドイツが、大量の金融支援の資金を供給しなければ、ユーロが崩壊してしまう。ドイツは、ギリシャなどの重債務国に金融支援をおこなうのと引き換えに、きびしい緊縮財政の実行を押し付けた。しかも、主権国家へのきびしい財政規律を要求した。

こうして、ユーロの擁護ということだけでなく、自国の経済をささえるために、ヨーロッパ諸国は、ドイツに追随せざるをえなくなった。

財政の健全化を実現しなければ、ユーロそのものが弱い通貨、すなわちユーロ圏においてインフレが高進する。したがって、それはまた、ユーロ圏各国の健全な経済システムを守るということにほかならない。

さらに、少子高齢化社会に本格的にすすんでいる現在、財政健全化というのは、まさに、まったなしの状況にある。歴史的には、きわめて正しい政策である。

こうしたなかで、欧州債務危機をきっかけとして、ドイツのヨーロッパにたいする経済支配が政治「支配」に深化しつつある。

現代世界では、大国同士の戦争は勃発しにくい。核戦争にいたるからである。

二〇一四年二月のロシアによるクリミア半島の併合にたいしては、ほんらいであれば、欧米諸国は、武力の行使をおこなうはずである。しかしながら、ドイツなどとロシアとは経済的なつながりが強いので、それはできない。より「穏便な」経済制裁を科すにとどまっている。

そのため、ロシア経済は、危機的な状況にみまわれた。グローバル化の時代に、経済的とはいえ、国際的な連携をある程度でも断たれると、国内経済は深刻な影響を受けるからである。ロシアのプーチン大統領が、二〇一六年一一月のアメリカの大統領選挙で、理由は不明だが、「親ロ政策」をかかげるトランプ候補を応援したといわれるのはそのためであろう。

グローバル化というのは、資本が国境を越えて自由に利潤獲得をおこなうというものなので、国家や国境は邪魔である。しかし、国民国家には、厳然たる国境が存在する。しかも、グローバル化の時代には、国家は、資本による利潤追求の邪魔をしてはならない。というよりも、国家は、積極的に資本の収益追求に協力する。

大統領や首相などの政治家が外国を訪問するさいに、多くの財界人がともなうのは、資本が収益機会をえられるからである。そのために、政治家は、当該国にさまざまな政治的・経済的便益を提供する。

アメリカが中国と政治的・軍事的にするどく対立しているにもかかわらず、アメリカが中国に強硬策をとれないのは、中国が大量の米国債を保有しているからである。この米国債の売り浴びせに遭遇すれば、米国債の価格の暴落、長期金利の暴騰で、アメリカ経済は深刻な打撃を受けてしまう。

同時に、アメリカ企業は、中国に大挙して進出している。中国がアメリカ企業の資産凍結をおこなえば、アメリカ企業は、すさまじい損失をこうむる。そうなれば、財界は、そんな政治家にいっさい政治献金をしなくなる。企業は、金儲けするために政治家に献金しているからである。

このようにみてくると、現代世界では、経済が政治を「支配」するまでにいたっているといっても過言ではないであろう。核戦争ができない時代なので、対テロ戦争とか、地域紛争はなくならないが、大国同士は、武力ではなく、経済の論理で動いているといえよう。

封じ込め政策のパラドックス

ドイツのヨーロッパの経済支配から政治「支配」への深化は、戦後の巧妙な軍事政策によって、ドイツが「自律的」な軍事行動をおこなうことができるようになってきているところに根拠があるとかんがえられる。

ドイツは、けっして、みずから政治的な跳ね上がりをしてきたわけではない。軍事行動も自主的におこなってきたわけではない。侵略戦争を反省するのであれば、とうぜんのことながら、軍事的に跳ね上がってはならない。

ドイツの軍事的な国際貢献戦略というのは、じつに「巧妙」である。

じつは、ドイツは、ヨーロッパ諸国から軍事的な貢献をしていない、と批判されてきた。戦争責任をとるということを大義名分に、痛烈な批判が出てくることをじっとまっていたかのようである。もしそうだとすれば、外交的高等戦術である。したがって、周辺諸国からあまり批判が出ることはなかった。

ドイツは、政治的にも控え目であった。政治・外交の主導権をにぎりたいフランスに、花をもたせたのであろう。戦後しばらくは、それでもよかったかもしれない。しかし、グローバル化の時代には、そうも、いかなくなってしまった。

冷戦が終了し、大国が、武力で雌雄を決する時代が終結すると、圧倒的な経済力をもつ国が政治的発言力を獲得するようになった。とりわけEUのように、経済統合ばかりか、通貨統合という政治統合の一部までも踏み込んでしまった共同体は、統合をなんとしても維持するために、相対的に強大な経済力が必要となった。

こうして、ドイツが政治的「支配」権すら獲得できるようになったのでは、とかんがえられるのは、ふたつの理由からである。

ひとつは、ドイツを西欧の支配下におこうとしてとられた北欧・東欧諸国のEUへの加盟であった。しかし、それが裏目に出た。すなわち、ドイツの経済「支配」が強化されるなかで、ドイツの東欧回帰を促進してしまったからである。東欧を引っ張り込めば強大な経済圏となりうる。

そのなかで、ドイツ企業は、利潤をあげ、経済はさらに強化され、政治的発言力がさらに高まる。そうかといって、西欧諸国は、拡大したEUを経済的にコントロールすることはできない。となると、政治的にも、ドイツのいうことを聞かざるをえなくなる。それは、ちょうど日本の江戸末期、富を蓄積してきた豪商が、武士の政治を「支配」するようになったのと似ているかもしれない。

もうひとつは、欧州統合を政治的・軍事的に主導してきたフランス国力の、目をおおうような凋落・没落である。フランスの主要な産業は、軍事工業であった。国際競争力を有する製造業がなければ、経済が疲弊していくことは必定である。

フランスは、「放漫財政」と「インフレ経済」を基調としている。それが、ドイツから緊縮財政をせまられれば、景気が低迷するのはとうぜんのことである。

そうしたなかで、ギリシャの金融支援となれば、財政赤字の多いフランスはなにもできない。いきおい、財政黒字のドイツが前面に登場し、ギリシャ支援を仕切り、フランスの出番はなくなってしまう。ドイツは、かくして、政治的な決定においても重要な発言力をもつようになった。

フランスは、ドイツにすがりついていかなければ、経済成長・失業率の低下もおぼつかず、それができなければ、マクロン大統領は、次期大統領選挙で落選し、極右政党・国民戦線政権が登場することもありうる。もしかしたら、マクロン氏は、五年の任期をまっとうできないかもしれない。

独仏の政治力の逆転、これがドイツの政治的「支配」の大きな根拠である。こうして、ヨーロッパ諸国が、したがわざるをえない現代ドイツ〝帝国〟が、二一世紀初頭にヨーロッパ大陸に登場しつつあるとかんがえられる。

3　極右台頭とドイツ〝帝国〟の成立

(1)　極右政党の台頭

世界経済の政治的トリレンマ

一九九〇年代以降、急速に進展してきたグローバル化のなかで、さまざまな弊害が噴出してきている。急激な貧富の格差の拡大や欧米諸国への移民・難民の大量の流入などがそれである。アメリカではトランプ政権が誕生し、ヨーロッパを中心に移民・難民の排斥を主張する極右政党やポピュリスト（大衆迎合主義）勢力が台頭している。

このような現代的なあらたな現象を「世界経済の政治的トリレンマの原理」としてあきらかにしたの

が、ダニ・ロドリックである（ダニ・ロドリック著、柴山桂太・大川良文訳『グローバリゼーション・パラドックス』白水社、二〇一四年）。

それは、「ハイパーグローバリゼーション、民主主義、そして国民的自己決定の三つを、同時に満たすことはできない。三つのうち二つしか実現できない」というものである。

世界経済を再構築するための選択肢として、三つかんがえられる。

ひとつは、国際的な取引費用を最小化するかわりに、民主主義を制限し、グローバル経済が時々に生み出す経済的・社会的な損害に目をつぶること、もうひとつは、グローバリゼーションを制限して民主主義的な正当性を確立すること、三つ目は、国家主権を犠牲にしてグローバル民主主義に向かうことである。

ハイパーグローバリゼーションと民主主義をのぞむなら、国民国家はあきらめなければならないし、国民国家を維持しつつ、ハイパーグローバリゼーションをのぞむなら、民主主義のことは忘れなければならないし、民主主義と国民国家の結合をのぞむのであれば、ハイパーグローバリゼーションの深化をもとめてはならない。

この議論からして、完全にグローバル化された世界経済をめざすのであれば、民主主義をあきらめなければならないのであろうか。ロドリックは、その必要のないのが、国民国家を超えた民主的政治体、すなわち「グローバル・ガバナンス」だという。

この考え方を論理的に推し進めたものが、グローバル連邦主義であり、ひとつは、アメリカ・モデルのグローバルな規模への拡大であり、もうひとつは、グローバル・ガバナンスの方向にすすむのであれば、国家主権が大きく削減されるのは不可避である。

国民政府は消えないが、その権力は、民主的正当性によって権限をあたえられた、または強制された、超国家的な立法・執行機関によって、きびしく制限される。EUというのは、その地域的事例であるということができる。

もちろん、グローバルな規模での堅実的な連邦主義、すなわち、たとえば欧州連邦が実現するのは、はやくても一〇〇年先のことであろう。

「世界経済の政治的トリレンマ」というものが、現代の世界経済の基本原則であると仮定して、この三つの選択のうちひとつをえらぶとすれば、もっともかんがえられるのは、国家主権の制限であろう。グローバル化と民主主義の便益を両方とも獲得できるのであれば、国の政治家の仕事がなくなるなど、たいしたことではないかもしれないからである。

EUやユーロ圏は、通貨主権を超国家機関の欧州中央銀行に、財政主権や軍事などの一部を超国家機関たる欧州委員会に、司法の一部を欧州司法裁判所に委譲している。したがって、イギリスなどは、国家主権と民主主義をまもるために、EUからの離脱を決定したのかもしれない。

グローバル化から撤退せざるをえなくなるのであるから、EUの単一市場から排除され、外国企業のイギリスからヨーロッパ大陸への移転で経済が苦境におちいるとか、国際金融センターとしての地位もあやぶまれている。

グローバル化をすすめると、移民・難民を大量に受け入れざるをえないことになるし、国家主権も制限されるので、反EUや反移民・難民を主張する極右政党やポピュリスト政党などの台頭がめだってきているのであろう。ドイツでも極右政党ではないものの、反移民・難民を主張する政党が台頭している。

二〇一六年一二月にオーストリアでおこなわれた大統領選挙で、左派候補が勝利したものの、自国第一主義をかかげる極右候補が僅差でせまった。一七年三月におこなわれたオランダの下院選挙では、反イスラムをかかげる極右政党である自由党が台頭した。フランスでは、反ＥＵや反難民を主張する極右政党である国民戦線が大統領選挙の決選投票に勝ち残った。二度目のことである。

オランダの総選挙

二〇一七年三月一五日、オランダで下院選挙（定数一五〇）の投開票がおこなわれた。投票率は八〇％あまりと前回の七四・六％を上回った。オランダの選挙は、完全比例代表制で、少数政党も議席を獲得することができるので、改選前には、一一の政党が下院に議席を有していた。選挙後には一三政党に増えた。

イギリスのＥＵからの離脱、アメリカでのトランプ大統領の誕生など、世界的にポピュリズム（大衆迎合主義）勢力が台頭するなかで、極右政党が大幅に議席を伸ばすのではないかといわれていた。事実、事前の世論調査でも、過激な「反イスラム」をかかげる極右政党・自由党がトップで、議席を倍増し、第一党に躍り出る勢いといわれていた。

選挙の結果、自由党は、それまでの一二議席から二〇議席に伸ばし第二勢力となった。ところが、第一党にはとどかかず、二〇一〇年の下院選挙で獲得した二四議席を上回ることができなかった。とはいえ、新興ポピュリズム政党である「民主主義のためのフォーラム」が、下院ではじめて二議席を獲得したことは、注視する必要がある。

第一党だった連立与党の自由民主党（中道右派）は、四〇議席から三三議席に減らしたものの、第一党を維持した。同じく連立与党の労働党（中道左派）は、それまでの三五議席から九議席に激減した。

中道右派のキリスト教民主勢力と中道左派リベラルの民主六六が、議席を伸ばしてともに一九議席を獲得した。

こうしたなかで、左派のグリーン・レフトは、四議席から一四議席に躍進し、左派の社会党は少し議席を減らしただけであった。

注目されるのは、トルコやイスラム系の国民への差別に反対するデンク（オランダ語で「考えよ」）があらたに議席を獲得したことである。

この選挙の結果、中道右派と中道左派による連立政権が誕生した。オランダの下院選挙の結果によって、とりあえずポピュリズムのヨーロッパへの広がりを押し止めることができたといえよう。

とはいえ、二者択一がせまられたイギリスのEU離脱の国民投票やアメリカの大統領選挙とは違って、二八もの政党が選挙戦を闘ったので、有権者の選択の幅が広い。そのために、差別に反対する政党やポピュリスト政党も議席を獲得できたのであろう。

フランスの大統領選挙

二〇一七年四月二三日、フランスの大統領選挙の第一回投票がおこなわれた。過半数の票を獲得した候補がいないので、得票数で上位二候補、すなわち第一位の無所属（中道）のエマニュエル・マクロン候補と第二位の国民戦線（極右）のマリーヌ・ルペン候補が、決選投票に残った。

二大政党のうち共和党（中道右派）は、三位に甘んじて決選投票に進出できなかった。オランド大統領の社会党は、左翼党（極左）よりも得票数が少なく、第五位であった。二大政党が決選投票に残れないという、異例の事態となった。

マクロン候補が勝利したのは、既存政党が欧州債務危機後の経済改革や失業率の低下につまずき、有権者の不満が高まるなか、かといって極右や極左などのポピュリズム政党には投票できないという有権者が、無所属ながら中道の候補を選んだからである。

ルペン候補が躍進したのは、経済の低迷する北東部や南部の地方である。有権者の不満が既成政党離れを引き起こし、ＥＵからの離脱や移民の排斥を訴えるポピュリズム（大衆迎合主義）勢力が躍進した。

五月七日に決選投票がおこなわれ、マクロン候補が六六・一％、ルペン候補が三三・九％を獲得し、マクロン候補が大統領に当選した。

この決選投票では、棄権や白票・無効票が二五・四％にものぼった。とくに、白票・無効票は一一・五％で、一九五八年の第五共和制発足以降での大統領選挙としては過去最高であった。

マクロン候補は、二〇七五万票を獲得したが、全有権者四七〇〇万人の半分にもとどいていない。マクロン候補の産業界寄りの経済改革をすすめようとする訴えが、かならずしも支持されたわけではない。マクロン政権の行く末が危ぶまれるゆえんである。

つづいてフランス国民議会（下院）の決選投票（第二回目）がおこなわれ、マクロン大統領の率いる新党「共和国前進」が、系列政党とあわせて全議席五七七のうち三五〇議席を獲得した。決選投票の投票率は四二・六％で、第一回目の四八・七％を下回った。これも第五共和制以降で最低であった。

ここで、重要なことは、国民戦線のルペン候補が大統領決選投票で三三・九％獲得したことである。あと一六・一％超を上乗せすれば、次回の大統領決選投票で当選できるからである。恐ろしいことである。

マクロン大統領が、五年間の大統領任期中に、失業率の低下、景気の回復、経済の活性化、などを実現できなければ、五年後にルペン大統領誕生という悪夢が現実のものとなる可能性が高まってきた。そうなると、ユーロ消滅はもちろんＥＵ崩壊、フランス第一主義の台頭となるであろう。

したがって、マクロン大統領は、ドイツのメルケル首相と連携して、EUの統合をさらにすすめて、経済成長を実現しようとしている。

ところが、マクロン大統領の支持率は、六月の六四％からわずか三ヵ月で三六％と急落した。支持率の低下は、フランスの全世帯の二割あまりが受けている住居費補助の削減や国防費削減に反発する軍に高圧的な対応をしたことなどによるものであった。自分の使う化粧品に、多額の公費を支出したとして反発を受けた。

二〇一七年九月二四日にフランスで上院選（定数三四八議席）がおこなわれ、約半数にあたる一七一議席が改選された。マクロン大統領の率いる「共和国前進」グループは、選挙前より一議席減らして二八議席となった。上院選は、既成政党である共和党系が多い地方議員による間接選挙で敗北した。

このままいくと、ヨーロッパの大国に、いずれ極右政権が誕生する可能性もゼロではなくなった。

ドイツの難民受入れ政策への反発

ドイツ「憲法（基本法）」は、第一条で「人間の尊厳は不可侵である」として、個人の尊厳を保障し、第一六a条で「政治的に迫害された者は、庇護権を享有する」と定めている。

ドイツは、政治的に迫害された難民を、積極的に受け入れるという形で戦後責任をはたしてきている。「基本法」にもとづいて、政治的迫害を受けていると認定されれば、ドイツは、当該外国人を、庇護権があるものとして受け入れる義務がある。ドイツは、民族的・人種的偏見にとらわれず人間の尊厳をまもると「憲法」で宣言したのである。

庇護希望者は、一九七〇年代前半まで一万人以下であったが、冷戦の崩壊とともに増加し、八五年に約七万人、九〇年に約一九万人、九二年に約四〇万人と増加した。

ドイツで難民流入が増え続けるのは、「基本法」の規定があるからだということになり、一九九三年六月に「基本法」の改正がおこなわれた。改正により、迫害のない国や安全な第三国を経由してドイツに入国した亡命希望者は、庇護権を失うことになった。ドイツの隣国がすべて安全な第三国とされているので、この改正によって、ドイツの政治難民の受け入れが大幅に制限されることになった。

ところが、シリアの内戦などが長期化するなかで、メルケル首相は、難民にたいする寛容政策をとり、二〇一五年には、じつに一〇〇万人ともいわれる難民申請者が大量にドイツに流入してきた。そのうちの一人が一六年一二月にベルリンでテロを起こした。こうしたなかで、ドイツでも移民・難民の排斥を主張するポピュリスト政党が台頭してきている。

反ユーロ、移民・難民の受け入れ反対をとなえる新興右翼政党である「ドイツのための選択肢」が急速に支持を伸ばしてきたが、いまのところ、ひとびとの憎悪をあおる極右政党ではないようである。

メルケル首相の見識

ドイツのメルケル首相は、トランプ氏の大統領当選にさいして、次のようなお祝いの電話をしたという。

「血統、肌の色、宗教、性別、性的嗜好、政治的立場に左右されず、民主主義、自由、人権と、人の尊厳への敬意という価値観の共有に基づき、トランプ次期米大統領と緊密な協力を申し出たい。」

独首相は、自由、平等、民主主義、友愛という近代市民社会の理念の重要性を堂々とのべたのである。ここに、政治家の矜持というものをみることができよう。

二〇一七年五月二八日にメルケル首相は、ミュンヘンでの選挙演説で次のように発言した。

「ほかの国々を全面的にあてにできる時代は、過ぎ去りつつあります。そのことをこの数日間、痛感しました。わたしたち欧州人は、自分たちの運命を自分たちで切り開いていかなければならないということです。もちろん、アメリカとも、イギリスとも、そしてロシアをふくむ近隣諸国とも友好的な関係をたもつことは必要です。しかし、わたしたちは、自分たちの将来のためにみずから戦う必要があります。」

メルケル独首相は、イタリア南部で開催された主要国首脳会議（G7）が終了し、トランプ米大統領が帰国した翌日に発言したもので、アメリカ主導の西側同盟が終結したといいたかったのかもしれない。時代が大きく転換しているということなのであろう。

二〇一七年七月八日にドイツのハンブルグで開催された二〇ヵ国・地域（G20）首脳会議に参加するアメリカのトランプ大統領は、湖のほとりにある屈指の名門ホテル「フィアヤーレスツァイテン（四季）」の宿泊を断られたという。

これが事実であるとすれば、白人至上主義を擁護し、保護主義にかたむき、温暖化対策に背を向けるトランプ大統領を宿泊させることは、名門ホテルのプライドが許さなかったということなのであろう。

トランプ米大統領は、「アルタネーティブ・ファクト」、すなわち、もうひとつの真実というウソを平気で垂れ流している。困った現象である。そこで、ドイツ連邦議会は、二〇一七年六月に「フェイクニュース（偽ニュース）」を規制する法案を可決し、一〇月から施行された。偽ニュースの横行は、民主主義の根幹をゆるがすからである。

難民受け入れに積極的なメルケル首相は、ドイツへの難民流入を制限すべきだという声が高まると、トルコとEUとの協定を推進し、ヨーロッパに流入する不法移民の流れを食い止めるとともに、難民申請が却下された外国人の強制送還を容易にする法律を制定した。

難民を保護するという政策を堅持しながら、流入に歯止めをかける政策を遂行している。だが、反難民を主張する右派ポピュリスト政党「ドイツのための選択肢」の台頭をおさえることができなかった。

環境保護政策については、ハンブルグで開催されたG20では、温暖化対策の国際的枠組みであるパリ協定からの離脱を表明したトランプ大統領とわたり合って、アメリカ以外の国を環境保全の取り組み強化で一致させることに成功した。

さらに、社会民主党が主張したEUとの協調も、フランスのマクロン大統領との連携をアピールし、格差解消の主張については、中所得者の減税を公約にかかげた。

ドイツ総選挙

二〇一七年九月二四日にドイツ連邦議会選挙がおこなわれたが、大連立を組んでいたキリスト教民主・社会同盟（CDU・CSU）とドイツ社会民主党（SPD）は大きく議席を減らした。

CDU・CSUは、二四六議席を獲得し、第一党を確保したものの、いままでの三〇九議席から大幅に減らし、得票率は、二〇一三年におこなわれた前回選挙から八・五％も低下した。批判票は自由民主党と右派政党「ドイツのための選択肢（AfD）」に流れたといわれている。

SPDは、戦後最低の得票率二〇・五％で、前回から五・一％も減らした。

反イスラムや反難民・移民をかかげるAfDは、得票率一二・六％、九四議席を獲得し、第三党に躍り出た。ドイツでも右派ポピュリスト（大衆迎合主義）が一定の勢力を確保したといえよう。民族主義的な政党が連邦議会に議席を確保するのは、戦後の混乱期以来六〇年ぶりのことである。

旧東ドイツの社会主義統一党の流れをくむ左派党も得票率九・二％、六九議席を獲得した。

自由民主党（FDP）の得票率は一〇・七％、八〇議席、緑の党は八・九％、六七議席を獲得した。SPDは、選挙で惨敗したので、早々と下野をきめ、CDU・CSUとの大連立は解消された。そこで、

ＦＤＰと緑の党との連立協議がおこなわれたが失敗し、むずかしい協議のすえＳＰＤとの大連立が継続された。

メルケル首相は、欧米で台頭する自国優先、移民・難民排除のポピュリズムうねりを、かろうじて押し止めることができたといえるかもしれない。今後、自由・平等・民主主義・友愛という近代市民社会の理念を堅持して、ヨーロッパ統合をますます深化させていくという、きわめて困難な政治課題に取り組んでいかなければならない。

ドイツとともにＥＵをけん引しているフランスはといえば、政治経験が乏しいので、とうぜんのことであろうが、仏マクロン大統領の政治手腕に黄信号がともってきている。

それでも、独仏主導の統合の深化をすすめていかなければ、ヨーロッパは、移民・難民の排斥、ＥＵからの離脱、自国優先を主張する極右政党、ポピュリスト政党の台頭によって、ヨーロッパがばらばらになり、お互いが自滅することになる。

やはり、二〇一八年三月四日に投開票されたイタリアの総選挙では、ポピュリスト政党・五つ星運動が単独の政党としてトップに、反移民やＥＵに懐疑的な極右政党・同盟が中道右派連合のなかで第一党に躍進した。ヨーロッパの前途は多難である。

(2) ドイツ統一と「大ドイツ経済圏」

戦前のドイツ経済圏

イギリスが産業革命を遂行していた当時、ドイツはプロイセン、バイエルンをはじめとして大小二〇〇あまりの領邦国家に分裂していた。そのため、統一国家は存在しないばかりか、統一的国民経済も成立しえなかった。

ドイツで産業革命が開始されたのは、ようやく一八三四年に関税同盟が結成されてからのことである。イギリスの産業革命は、鉄道建設がその総仕上げとしておこなわれたが、ドイツでは鉄道建設が産業革命を主導した。この鉄道建設は、ドイツ経済に次のような影響をあたえた。

第一に、鉄道建設は、地方に分散していたマーケットを統合する役割をはたした。そのおかげで、輸送費が軽減されることによって、孤立し分散していた地方市場の間での競争を促進し、東エルベの大土地所有者と西エルベの工業が絡み合う独特の資本主義が形成された。

第二に、鉄道建設に必要な膨大な資金を調達するために、株式会社制度が早くから採用された。

第三に、鉄道建設に関連する部門、石炭、鉄鋼、機械工業などがいちじるしく発展した。

このように、ドイツ資本主義は、鉄道建設を基軸として発展したが、その後、二〇世紀初頭に重化学工業を主軸とする独占資本主義国として世界史の表舞台に登場した。その経済的根拠は、この産業革命のドイツ的形態にみることができる。

ドイツにおける産業革命の完成期である一八七一年に、ビスマルクを帝国宰相とするドイツ帝国が成立した。ここでのドイツの統一は、産業革命による、ドイツの経済的一体性の構築によって生み出されたものである。

ドイツの資本輸出の開始は、このドイツ産業革命の達成とほぼ期を同じくしている。

一九世紀末から二〇世紀初頭にかけて、この資本輸出はいよいよ本格化することになった。一八九七年から一九〇六年までのドイツの資本輸出の地域的分布をみると、アメリカが二八・六％ともっとも高いが、オーストリア二二・九％、ロシア一四・三％、バルカン諸国五・七％（ヨーロッパ全体では五一・四％）とつづいている。戦後のソ連地域・東欧・中欧で全体の四二・九％を占めていた。

この時期にドイツの資本のもっとも重要な部分が、東欧に投下されていた。そして、フランス資本も東欧への関心を高めていたので、東欧をめぐる独仏の資本輸出競争ははげしいものだったようである。

東欧のうち、ロシアは、しだいにフランス資本のマーケットとして組織されたが、ドイツの資本輸出のシェアはかなり高かった。その反面で、オーストリア＝ハンガリーがドイツ資本のマーケットとして組織されていくことになる（南塚信吾『東欧経済史の研究』ミネルヴァ書房、一九七九年）。

このドイツ経済圏たる東欧は、ナチス期にますますドイツ経済の再生産構造のなかに組み込まれていく。ナチス経済は、急速な経済の再編成と戦争経済の構築に最大の特徴がある。国家の介入は、膨大な軍需発注、自給自足政策、貿易と国際的支払いの強力な統制の三つの分野に集中した。

そのため、ドイツの貿易先の重点は、東欧に向けられた。それは、東欧が、ドイツの戦争経済遂行のための、主要な国外原料基地と位置付けられたからである。

ナチス・ドイツを東欧に向けさせたのは、次のような要因によるものである（I・T・ベレンド／G・ラーンキ共著、南塚信吾監訳『東欧経済史』中央大学出版部、一九七八年）。

第一に、東欧諸国の大部分が、経済的に苦境にある農業国で自国の農産物の市場化の問題に悩んでいたことである（とくに、ドナウ川沿岸諸国は外国為替の支払いをともなわない双務貿易の原理を受け入れていた）。

第二に、ドナウ諸国は、他国に余剰食料や余剰原料（ユーゴスラビアの穀物と非鉄金属、ルーマニアのとうもろこしと石油、ハンガリーの肉、ラード、穀物、ボーキサイト、ブルガリアの煙草）を売却したが、これらは、ドイツの戦争経済にとって不可欠だったことである。

第三に、これらの国は、ドイツと陸続きであり、戦時に海上封鎖によって資源と食料の補給路を断たれる恐れがなく、経済的にも戦略的にも安全な予備地域とみなすことができたことである。このように、戦前のドイツは、ナチス期にいたって東欧を完全にみずからの経済圏におさめることになった。

戦後の東西ドイツ経済圏

第二次世界大戦後、ドイツは東西に分割された。そのため、東西ドイツは、それぞれにみずからの経済圏を構築しなければならなかった。

東西分割によって、東エルベ農業地帯と分離された西ドイツは、みずからの再生産構造に農業部門を組み込むことが不可能となり、農業部門をEC、とくにフランスにもとめざるをえなくなった。EC経済の本質が「フランス農業と西ドイツ工業の結婚」といわれるゆえんである。

分割された西ドイツは、EC経済をみずからの経済圏として経済成長していくことになった。EC／EEC／EU経済の発展は、フランス、イギリス、西ドイツ、イタリアなどの先進国がふくまれ、経済発展の相乗作用が働いたことによって、達成されたものであるが、同時に日米と張り合う西ドイツがEU経済を牽引してきたということが重要である。

西ドイツの経済力は、EUのなかでも重要な欧州通貨制度（EMS）にも反映していた。EMSのなかで、EU諸国の通貨は、事実上の固定相場制をとってきたが、ドイツの金融政策にEU諸国が追随することによって、安定した経済成長を実現できた。

たとえば、各国中央銀行は、独自性を発揮しようとおもっても、実際にはドイツ連邦銀行の金利変更にただちに追随するのがほとんどであった。ドイツ連邦銀行の発表後、三〇分後には、他の欧州各国が追随する姿をみて、「三〇分の通貨主権」と皮肉られたという（『日本経済新聞』一九九〇年三月二八日）。

オランダ中央銀行は、EMSの為替調整メカニズム（ERM）が発足してから一一年間にわたって、ギルダーを対西ドイツ・マルク比〇・六％の変動幅におさえる努力をしてきた（ちなみに、ＥＲＭで許された変動幅は四・五％であった）。

さらに、一九九〇年六月からベルギー政府は、ベルギー・フラン相場を西ドイツ・マルク相場にリンクさせ、ＥＲＭで許容された変動幅四・五％より狭い一％の変動幅におさえてきた。

このように、西ドイツは第二次世界大戦後、それまでのドイツ帝国の経済圏である東欧から西欧にシフトし、戦後の経済成長の過程で、事実上ＥＵをみずからの経済圏としてきた。

それにたいして東ドイツは、それまでの経済圏である東欧が「社会主義」に離脱したことによって、ソ連を中心とする「社会主義国全体の再生産構造」に組み込まれた。東ドイツは、東欧諸国に「重工業製品」を供給する立場にあり、一国レベルでの自立した再生産構造をついに形成できなかった。

したがって、正確には、従来、東欧が、東ドイツの経済圏であったということはできない。それは、東欧における一連の経済改革にさいして、経済援助をあおごうとする国が、東ドイツではなく、西ドイツをはじめとする西ヨーロッパであったということからもあきらかである。

「大ドイツ経済圏」の成立

ヨーロッパのなかには、それぞれの国の軋轢や日米欧の巨大企業の支配圏獲得競争など、熾烈であることはいうまでもない。しかし、統一ドイツは、西欧のみならず東欧までもみずからの「経済圏」とする強大な「大国」として生まれかわった。

しかも、「超大国」であったソ連邦の中心国であったロシアの経済成長に、ドイツが全面的に関与していくことになるならば、まさに、ヨーロッパ全体が完全にドイツの「経済圏」ということになる。これぞまさに、「大ドイツ経済圏」の成立であった。

東西ドイツ再統一の過程で、ドイツとソ連・ロシアとの結び付きが強まった。一九九〇年六月、西ドイツ政府は、ソ連への五〇億マルクの資金援助をきめた。この資金援助によって、「統一ドイツのNATO帰属」が実現したかどうかは不明であるが、経済的な重要性は明確である。

一九九〇年九月、西ドイツは、統一ドイツによるソ連への支援の一環として、ソ連軍の東ドイツの駐留・撤退にたいして、一二〇億マルクを九四年末までに支払うことでソ連と合意した。

同月、統一ドイツとソ連の二国間関係の基軸となる「ソ連と西ドイツの善隣・友好・協力条約」に仮調印した。この条約は、前文で大戦と冷戦を戦った同士の過去の関係をきっぱりと清算すると宣言している。

また、相互不可侵、危機が生じたばあいの緊急協議、双方が軍備を縮小すること、経済分野では、最恵国待遇の相互供与、科学研究から環境保護にいたる協力の拡大などが盛り込まれた。なお、この条約は、一九九一年に当時のゴルバチョフ・ソ連大統領が統一ドイツを訪問したさいに正式調印された。

もちろん、このように、統一ドイツがヨーロッパで突出した経済力をもち、ロシアをふくめた全ヨーロッパをドイツ経済圏としていくことにたいする懸念も出された。

それは、従来、経済大国でありながら、主権を制限された分断国家として、しばしば自己主張を抑制せざるをえなかった西ドイツが、東ドイツとの統一で主権を有する「政治大国」としてふたたび世界史の表舞台に登場することになりかねないからである。

ドイツ国内にも、ドイツが大国主義におちいることにたいする警告も多く存在していた。シュミット元首相は、「ドイツ人の激しやすさや尊大さの傾向が民族を繰り返し誤った道に導いた」とドイツの歴史に警告し、批判と自己批判、理性と妥協を政治の重要な要素であると主張した。

また、リベラルな論評で知られるツァイト紙のゾンマー主筆は、「統一ドイツは大国を演ずるには小さすぎる。（政治に）ただ乗りするには大きすぎる」とのべ、中級国家としての針路を確立するように主張した（『朝日新聞』一九九〇年九月一四日）。

次にかかげる新聞の投書に、ドイツ人気質をみてとることができよう（紀脩一郎「チョコ踏み砕いたドイツ少年」『朝日新聞』一九九〇年九月一五日付朝刊）。


あれは、確か、敗戦の年の晩秋の日曜、私は軽井沢駅で、友人を待ち合わせていた。列車が着く度に、東京辺りから来たらしいアメリカ軍人（GI）に、土地の日本の子供たち……がチョコレート、チューインガム、洋モクをねだり、GIたちが侮蔑の面をして投げ与える。それを死に物狂いに奪い合い、血まで流して取り合う浅ましい光景を目の当たりにして、どうしようもない屈辱感に泣きたくなった。

これが八月一五日前には「ああ堂々の輸送船」などと歌っていた日本人の子供かと思うと、日本の道徳も教育も文化も、すべて形式的な存在以外の何物でもなかったと考えずにはおられなかった。

私が松井田へ帰ろうとした時、年のころ一二、三歳の外国人のりりしい面貌の少年と少女が通りかかった。それを見たGIが一斉に「ヘイ、ハンス（ドイツ人よ）」と言って、チョコレートを投げ与えると、少年は大声で「ダンケ」と言うより早く、靴でチョコレートを踏み砕いてしまった。

少年はGIたちに向かって、大声で「ダス・ドイチェ・フォルク・フェルリールト・ニヒト（ドイツ民族は決して敗北しない）」と言って、立ち去ってしまった。

(3)「大ドイツ経済圏」からドイツ〝帝国〟へ

「規制帝国」

鈴木教授がいうように、帝国を基礎単位となる複数の共同体・部族・社会・地域・権力・特権・国家などを超えて、そのうえに立つ統合的な権力、およびそれが中核となって作られる関係・勢力圏・秩序（杉山正明、前掲書）と定義すれば、欧州連合（EU）も帝国の資格をもつようにみえるという（鈴木一人、前掲書）。

すなわち、基礎単位である加盟国を超える権力を部分的にもち、EU本部が所在するブリュッセルが中核となって作られる、EU域外との関係や勢力圏が存在するからである。

もちろん、EU本部が超越的な権力をもっているわけではなく、競争政策や関税政策などでは、一定程度加盟国から授権されているというものの、多くの政策は、加盟国の合意が必要で、安全保障政策や財政政策では、最終的な決定権は加盟国が有している。

EUを「規制帝国」という政治主体とみなすことで、ドイツが経済的に支配するのみならず政治的にも「支配」しつつあるEUを、世界システムとしての「主権＝国民国家システム」後にくる、あたらしい時代の〝帝国〟だと規定できるかもしれない。

EUによる国家権力にかかわる統合に、頑として反対してきたイギリスが、二〇一六年六月、ついにEUから離脱することを国民投票で決定した。イギリスのEU離脱により、EUの政治統合が進展していくのではなかろうか。

もちろん、ヨーロッパ大陸諸国で、EUからの離脱、反移民・難民を主張する右派政党が議席を伸ばしている。とはいえ、ドイツが経済的のみならず政治的にも「支配」するにいたったEUは、そんなにかんたんには崩壊しないとかんがえられる。経済成長と民主主義を守るためには、グローバル・ガバナンスは不可欠だからである。

もちろん、ドイツといえども、EU諸国に厳格な緊縮財政を押し付けるのを修正して、経済成長をすすめるとともに、経済・地域格差の是正、ある程度は難民の流入を制限し、極右政党やポピュリスト勢力の台頭を押し止める政策を採用していくであろう。

欧州連邦のもとでの福祉国家への移行

第二次世界大戦後、西欧諸国は、ドイツの政治的・軍事的脅威を除去するために、西欧の統合への封じ込め戦略をとった。西ドイツも、戦争責任をとり、ホロコーストを謝罪するとともに、東欧市場と農業をもとめて、西欧の統合にくわわらざるをえなかった。

ECSC、EEC、EC、EUと深化した西欧の統合に参加したドイツは、政治・軍事をフランスに依存し、経済活動に特化したおかげで、戦前のドイツ帝国以上の経済・輸出「大国」に生まれ変わった。おかげで、「高賃金・高福祉（ただし高負担）」社会を実現することができた。一九九九年一月には、ついに単一通貨ユーロが導入された。

このユーロ導入は、欧州連邦の実現がむずかしいなかでは、究極のドイツ封じ込め政策である。ユーロを勝手に増発できないドイツは、とうとう通貨増発による軍備増強ができなくなったからである。

ところが、これが「両刃の剣」だとは、だれも気が付かなかった。というのは、ユーロ導入が、ドイツのEUの経済支配から政治「支配」に深化させることになったからである。

強く、安定したドイツ・マルクを有していたドイツ主導で、ユーロの導入がおこなわれたので、インフレ基調であった南欧諸国の金利は劇的に低下した。そうすると、大量の資金が住宅建設や建設業や国債に流入し、アメリカの住宅・資産バブル期とほぼ同時期に資産バブルが発生した。このバブルは、アメリカのリーマン・ショックとともに崩壊した。

膨大な債務をかかえたアイルランドや南欧諸国は、深刻な債務危機におそわれた。放置すれば発行国債が債務不履行（デフォルト）におちいり、ユーロが崩壊し、世界恐慌が勃発しかねない事態に立ちいたった。救済できるのはドイツしかいなかった。

金融支援をおこなったのは、もっぱらドイツであるが、ドイツだけがどうしてカネを出すのかという国民感情を逆なでしないために、国際通貨基金（ＩＭＦ）を引っ張り込んだ。

ドイツは、金融支援をおこなうにあたって、受け入れ国に過酷な緊縮財政をせまっている。ＥＵ諸国にたいしても、財政規律の徹底や銀行監督の厳格化を強制し、ヨーロッパ諸国からの批判をあびている。とはいえ、健全財政というのは、ますます少子高齢化がすすみ、経済成長も停止しているなかで、どうしても実現しなければならないものである。

欧州債務危機のおかげで、ユーロ安となり、ドイツは、膨大な為替差益を獲得し、経済も好調である。しかも、経済力のある国とない国が同じ通貨を使用すると、経済力のあるドイツなどが有利になる。ここに現状のユーロの大きな矛盾がある。

ドイツ封じ込め政策の遂行という政治の要請の帰結として実現したのが、通貨統合である。おかげで、ドイツだけは、二〇一四年以来、単年度の財政収支は黒字に転換している。

ドイツ一人勝ちで、他国に緊縮財政を押し付けて、ひとびとの生活を苦境に落とし込み、しかも、戦争責任をとるという大義名分のもと移民・難民を受け入れ、他国にその引き受けを押し付ける。銀行もきびしく規制する。

ヨーロッパ諸国には、ドイツにたいする怨嗟の声が満ちあふれている。そうしたなかで、反ＥＵや反移民・難民を訴える極右やポピュリスト勢力が台頭している。とくに、二〇一八年三月四日にイタリアでおこなわれた総選挙で、五つ星運動や同盟など、ポピュリスト政党・極右政党が躍進したことが懸念される。

もしかしたら、ドイツは、イギリスのEU離脱は、織り込み済みだったかもしれない。EUを政治統合にまで引き上げなければ、通貨統合が完結しないからである。政治統合に頑として抵抗したイギリスが離脱すれば、政治統合への道が開かれるかもしれない。

ギリシャ危機で、ドイツは、かなりの為替差益をえたが、いつも、そうとはいかないことはよく知っている。フランスをはじめ南欧諸国が、ユーロから離脱しても、いた仕方ないとおもっているかもしれない。

そうなれば、ドイツ統一によって再構築した「大ドイツ経済圏」がはれてEUとなり、ドイツは、その盟主となることができるかもしれない。もちろん、ポーランドやハンガリーで民主主義に反する政策をとり、EUに逆らうような政権が誕生しているが、EUから孤立して、生き延びていくことはむずかしいとおもわれる。

EUが中・東欧・北欧にシフトして、ドイツが盟主となった「大ドイツ経済圏」は、現代のドイツ〝帝国〟といえるかもしれない。

ドイツ〝帝国〟は、いずれアメリカ合衆国よりもさらにゆるやかな欧州連邦に移行し、通貨も統合され、広大なマーケットを有するようになるかもしれない。そうすれば、環境保全のもとで、内需拡大型の経済成長が可能となる。

グローバル化に背を向けるアメリカは、自国第一主義と保護主義で、政治も経済も混乱していくであろう。日本は、軍事経済・公共投資などで経済を成長させようとしているものの、天文学的財政赤字にうちひしがれて、インフレ高進にみまわれる可能性が高い。

グローバル化と民主主義を徹底し、国家主権をＥＵに委譲するヨーロッパは、健全財政のもとに、社会的市場経済から北欧型の福祉国家に移行していくことになるかもしれない。

索　引

（＊は人名）

あ　行

か　行

さ　行

た　行

ら　行

わ　行

《著者紹介》

相沢　幸悦（あいざわ　こうえつ）

1950年　秋田県生まれ
1978年　法政大学経済学部卒業
1986年　慶應義塾大学大学院経済学研究科博士後期課程修了
(財)日本証券経済研究所主任研究員，長崎大学・埼玉大学経済学部教授を経て，
現　在　埼玉学園大学経済経営学部特任教授，川口短期大学ビジネス実務学科客員教授（経済学博士）
主　著　『日本型金融システムを求めて』東洋経済新報社，1999年
『平成大不況』ミネルヴァ書房，2001年
『品位ある資本主義』平凡社新書，2006年
『反市場原理主義の経済学』日本評論社，2006年
『平成金融恐慌史』ミネルヴァ書房，2006年
『品位ある日本資本主義への道』ミネルヴァ書房，2010年
『日本銀行論』NHK ブックス，2013年
『環境と人間のための経済学』ミネルヴァ書房，2013年
『憲法劣化の不経済学』日本経済評論社，2015年
『長期不況克服への経済学』ミネルヴァ書房，2015年
ほか単著，編著，共著多数

シリーズ・現代経済学⑬
ドイツはEUを支配するのか
——現代の“帝国”が進める欧州統一への道——

2018年５月20日　初版第１刷発行
2019年２月10日　初版第２刷発行

〈検印省略〉

定価はカバーに
表示しています

著　者　相　沢　幸　悦
発行者　杉　田　啓　三
印刷者　大　道　成　則

発行所　株式会社　ミネルヴァ書房
607-8494　京都市山科区日ノ岡堤谷町１
電話代表（075)581-5191
振替口座　01020-0-8076

太洋社・新生製本

ISBN 978-4-623-08330-5
Printed in Japan